ALPHABET

SYLLABIQUE

Français.

MÉTHODE

INGÉNIEUSE,

OU

ALPHABET

SYLLABIQUE FRANÇAIS,

Pour apprendre à lire en peu de temps, et selon l'Orthographe la plus reçue.

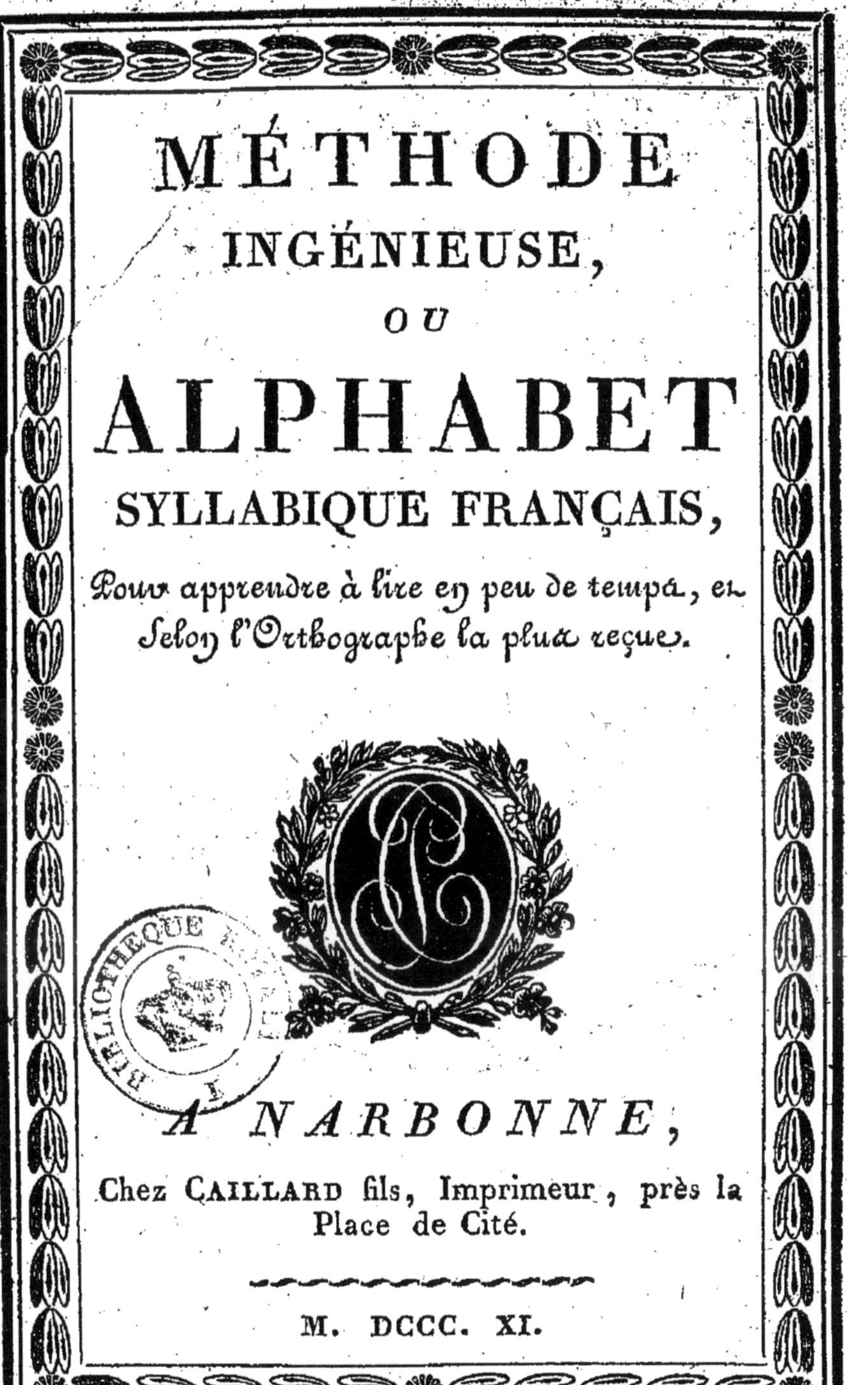

A NARBONNE,

Chez CAILLARD fils, Imprimeur, près la Place de Cité.

M. DCCC. XI.

Nous Arnaud Ferdinand, Évêque de Carcassonne, autorisons, pour ce qui nous concerne, le Sieur Caillard fils, Imprimeur à Narbonne, à réimprimer l'ouvrage ayant pour titre : Méthode ingénieuse, ou Alphabet Syllabique français, etc. Suivie des Sept Pseaumes de la pénitence, etc. à condition que, d'après la décision de S. Ex. le Ministre de l'Intérieur, en date du 10 Octobre 1810, un exemplaire de la nouvelle édition sera déposé à notre Secrétariat, et que ladite autorisation sera imprimée au commencement ou à la fin du volume.

A Carcassonne, le 6 Avril 1811.

A. F. Év. de Carcassonne.

Vu et permis d'imprimer l'ouvrage mentionné ci-dessus.

A Narbonne, le 12 Avril 1811.

Le Sous-Préfet de l'Arrond.ᵗ de Narbonne, Baron de l'Empire,

HOSTALIER.

AVIS

AUX INSTITUTEURS.

En nous occupant des principes qui peuvent accélérer l'avancement des jeunes-gens qu'on veut apprendre à lire, nous croyons remplir un des devoirs les plus sacrés de la société. Il n'est pas de doute que plus ces principes sont simples et raisonnés plus les progrès sont rapides et certains. C'est ce qu'on sera à portée d'éprouver en fesant usage de cette nouvelle Méthode, dans laquelle on trouvera en tête des tables que les Instituteurs qui voudront recueillir dans peu des fruits de leurs leçons, doivent s'appliquer sur-tout à bien faire apprendre à leurs Elèves. Lorsqu'ils auront une fois connu les lettres et leur vraie dénomination, on leur mettra sous les yeux la table composée de mots d'une syllabe, puis celle de deux, et successivement celle de trois, de quatre et de cinq syllabes; c'est en les exerçant ainsi graduellement, qu'on obtiendra des progrès aussi sûrs que rapides.

Pour faciliter les Elèves, et aider leur conception, nous avons divisé les syllabes

de chaque mot par un trait horizontal (-);
et ces mots, nous les avons séparés par des
barres perpendiculaires (‖), qui, en les
renfermant comme dans un cadre, empé-
chent l'écolier de confondre et d'unir un
mot avec un autre, sur-tout lorsqu'il étudie
seul; ainsi qu'on le voit dans la ligne sui-
vante.

les ‖ bon-nes ‖ mé-tho-des ‖ a-van-cent.

Une chose essentielle à laquelle les Instituteurs doivent particulièrement faire attention, c'est de ne mettre entre les mains
des commençans, que des livres soigneusement orthographiés. Par ce moyen, ils
leur apprendront insensiblement à lire et
à écrire correctement.

En parcourant notre Méthode, on s'ap-
percevra que l'orthographe et la ponctua-
tion y ont été soignées de manière à pro-
duire cet effet. Nous osons donc nous flatter
que cette nouvelle édition sera reçue avec
autant d'empressement que les précédentes.

ALPHABET MORAL

EN VERS ACROSTICHES.

✝**C**ROIX de mon Rédémpteur, signe du vrai chrétien,
Dirigez tous mes pas vers le souverain bien.
AMOUR; ô quel grand bien quand c'est Dieu que l'on aime;
Amour; ô quel grand mal quand on s'aime soi-même!
BEAUTÉ, fière beauté, qui triomphez de tous,
La vieillesse et la mort triompheront de vous.
CŒURS glacés pour le ciel, cœurs ardens pour la terre,
L'éclat qui vous séduit n'est qu'un éclat de verre.
DAVID, de grand pécheur, devint grand pénitent;
Pourquoi, sans différer, n'en fais-je pas autant?
EVENTAIL, qui ne sers qu'à rafraîchir les belles,
T'auront-elles en main aux flammes éternelles.
FILLES, retenez bien cette belle leçon;
C'est assez de savoir l'église et la maison.
GALANTISER n'est pas un terme bien honnête;
Il tient peu du chrétien, et trop de la coquette.
HOMME que le Seigneur n'a fait que pour les cieux,
Portez vers cet objet votre cœur et vos yeux.
IRIS, que vos appas vous coûteront de larmes,
Un dégré de vertu vaut plus que tous les charmes.
KEPLER, grand astronome, employa ses beaux jours
A suivre, à mesurer les astres dans leurs cours;
Mais malgré son génie, il ignora la route
Qui conduit au bonheur de la céleste voûte.
LES larmes, de nos yeux coulent avec honneur
Quand la haine du mal les arrache du cœur.

MOURIR bien, vivre mal ne se peuvent pas suivre;
  Pour mourir saintement, il faut saintement vivre.
NE faire point de mal et pratiquer le bien,
  Ce sont les deux devoirs d'un cœur vraiment chrétien.
OBLIGER promptement est un mot d'Alexandre:
  Un bienfait est perdu quand on le fait attendre.
POURQUOI s'empresse-t-on pour acquérir du bien?
  On peut posséder tout en ne désirant rien.
QUELQUE fier que l'on soit du nom de ses ancêtres,
  La mort sait égaler les sujets et les maîtres.
RESTEZ dans votre chambre, et n'allez point au bal:
  Qui fuit l'occasion, évitera le mal.
SOIS de tous les mortels le monarque suprême,
  Que t'en restera-t-il si tu te perds toi-même?
TOUT n'est que vanité dans ce vaste univers:
  Les monarques y sont la pâture des vers.
VAINCRE sa passion est une grande gloire;
  C'est-là d'un cœur chrétien la plus belle victoire.
XERCÈS cria, dit-on, voyant l'armée aux champs,
  Hélas! en moins de rien où seront tant de gens?
YEUX de mon doux Sauveur, vive source de flamme,
  Par un de vos regards convertissez mon ame.
ZACHÉE était petit, mais son humilité,
  Pour attirer JÉSUS, fut une qualité.

De ce saint Alphabet conservons la mémoire:
L'Hermite qui l'a fait dans son sacré désert,
L'ayant appris de Dieu, le consacre à sa gloire;
Trop heureux s'il lui plaît, plus heureux s'il le sert.

TABLE

DES LETTRES DE L'ALPHABET

ET DE LEUR PRONONCIATION.

Romain.	Italique.	Capitales.	Prononciation.
a	*a*	A	
b	*b*	B	be
c	*c*	C	ce que
d	*d*	D	de
e	*e*	E	
f	*f*	F	fe
g	*g*	G	ge gue
h	*h*	H	he
i	*i*	I	
j	*j*	J	je
k	*k*	K	ke
l	*l*	L	le
m	*m*	M	me
n	*n*	N	ne
o	*o*	O	
p	*p*	P	pe
q	*q*	Q	que
r	*r*	R	re
s	*s*	S	se ze
t	*t*	T	te si
u	*u*	U	
v	*v*	V	ve
x	*x*	X	kse gz ez
y	*y*	Y	i y
z	*z*	Z	ze

Minuscules Romaines.

a b c d e f g
h i j k l m n o
p q r s t u v x
y z &.

Majuscules Romaines.

A B C D E F G H I
J K L M N O P Q R
S T U V X Y Z.

A a b c d e f g h i j k l m n
o p q r ſ s t u v x y z.

Lettres Capitales.

A B C D E F G H I J K L M N O
P Q R S T U V X Y Z Æ Œ.

Lettres ordinaires Italiques.

*A a b c d e f g h i j k l m n o
p q r ſ s t u v x y z.*

Capitales Italiques.

*A B C D E F G H I J K L M N O
P Q R S T U V X Y Z Æ Œ.*

Lettres courantes de main.

*a b c d e f g h i j k l m n o
p q r s t u v x y z.*

Lettres Majuscules de main.

*A B C D E F G H I J
K L M N O P Q R S
T U V X Y Z.*

Voyelles.

a, e, i, o, u *et* y.

Idem *circonflexes* .	â ê î ô û
Idem *aigües*	á é í ó ú
Idem *graves*	à è ì ò ù
Idem *tréma*	ë ï ü
Ponctuations. . . .	. , ; : ' ? !

Consonnes.

b c d f g h k l m n p q
r s t v x z.

Diphtongues.

æ, œ, ai, au, ei, eu, ay.

Lettres Doubles.

ﬀ, ff, ﬁ, ﬁ, ﬂ, fl, ﬃ, ffi, ﬄ.

Abréviations.

ā	am	an.
ē	em	en.
ī	im	in.
ō	om	on.
ū	um	un.

Lettres à double et triple valeur.

c, g, s, t, x, y.

E X E M P L E S.

| c, | g, | s, |
| race, cave. | ange, grand. | anse, ruse. |

| t, | x, |
| gestion, oblation. | taxe, exemple, sixain. |

y

moyen, mystère.

Diphtongues et principaux sons de la langue française.

e, ent. é, aí. è, aì. ê, aî. aient,
ei. ea. am, em. an, en.
au, eau. eu, œu.
im, aim. in, ain, ein.
oe, oi, oin. om, on, eon. ou.
um, un. ui, uin.
ch. gn. ill. ph. ct. st.

Exemples des Diphtongues, et sons de la langue française.

e,	ent.	é,	aí
lune,	aiment.	bonté,	chantai.

è,	aì	ê,	aî.
accès,	maison.	tempête,	maître.

aient.	ei,	ai.
liraient.	peine,	faible.

ea.	am,	em.	an,
songea.	ample,	empire.	année,

en	au,	eau.	eu,	œu.
enfant.	auteur,	beau.	lieu,	œuvre.

im,   aim. ‖ in,   ain,   ein.
impie, *faim*. ‖ *lin*, *pain*, *sein*.

eon,   ou.
pigeon,   courroux.

um,   un. ‖ ui,   uin.
humble, comm*un*. ‖ *suite*, *juin*.

ch.   gn.   ill.   ph.
cheval.   *vigne*.   pa*ille*.   *ph*rase.

ct.   st.
acte.   *st*oïcien.

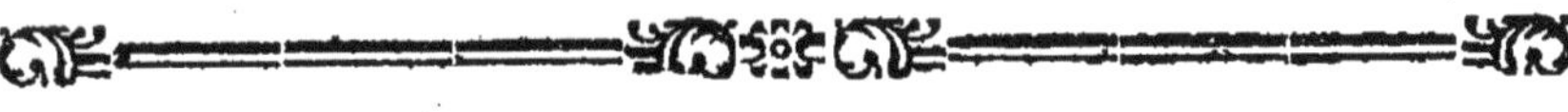

Sons mouillés.

ail,   aille,   eil,   eille,
m-*ail*.   m-*aille*.   rev-*eil*.   rev-*eille*.

euil,   euille,   ueil,   œil,
écur-*euil*.   v-*euille*.   éc-*ueil*.   *œil*.

œillet,   ille,   ouil,   ouille,
œillet.   f-*ille*.   fen-*ouil*.   f-*ouille*.

Nota. On mouille ordinairement les mots où l'*i*
précède un *l* seul à la fin d'un mot ou deux *ll*
au milieu.

SYLLABES.

ba be bé bè bê bi bo bu.

ca ce cé cè cê ci co cu.

da de dé dè dê di do du.

fa fe fé fè fê fi fo fu.

ga ge gé gè gê gi go gu.

ha he hé hè hê hi ho hu.

ja je jé jè jê ji jo ju.

la le lé lè lê li lo lu.

ma me mé mè mê mi mo mu.

na ne né nè nê ni no nu.

pa pe pé pè pê pi po pu.

qua que qué què quê qui quo quu.

ra re ré rè rê ri ro ru.

sa se sé sè sê si so su.

ta te té tè tê ti to tu.

va ve vé vè vê vi vo vu.

xa xe xé xè xê xi xo xu.

AUTRES SYLLABES.

ab	ad	af	al	am	an	at	au.
bac	bal	bam	ban	bar	bas	bat	bau.
cab	cal	cam	can	car	cas	cat	cau.
dac	dal	dam	dan	dar	das	dat	dau.
eb	el	em	en	er	es	et	eu.
fac	fal	fam	fan	far	fas	fat	fau.
gac	gel	gam	gen	ger	ges	get	gau.
hac	hal	hem	hen	her	hes	het	hau.
jac	jal	jam	jen	jer	jes	jet	jau.
kac	kal	kam	kan	kar	kas	kat	kau.
lac	lal	lam	lar	ler	les	lat	lau.
mac	mal	mam	man	mar	mas	mat	mau.
nac	nal	nam	nan	ner	nes	nat	nau.
oc	ol	om	on	or	os	ot	ou.
pac	pal	pam	pan	par	pas	pat	pau.
quac	qual	quam	quan	quor	quos	quat	quau.
rac	ral	ram	ren	ror	ras	rat	rau.
sac	sed	sam	sen	sor	sas	sat	sau.
tac	taf	tam	ten	tor	tas	tat	tau.
vac	vec	vic	voc	vom	ven	vaf	vou.
xác	xec	xic	xoc	xom	xen	xaf	xou.
zac	zec	zic	zoc	zom	zen	zaf	zou.

PREMIÈRE TABLE

*DE mots d'une syllabe, ou monosyl-
labes, qu'il faut faire lire par sons
séparés, et ensuite tout d'un mot.*

A-n, an.
a-il, ail.
a-rc, arc.
a-rt, art.
b-ail, bail.
b-ain, bain.
b-eau, beau.
b-ien, bien.
b-ois, bois.
c-ar, car.
c-ap, cap.
c-eint, ceint.
c-ours, cours.
c-œur, cœur.
c-oin, coin.
d-aim, daim.
d-euil, deuil.

d-oigts, doigts.
d-ur, dur.
f-aux, faux.
f-aim, faim.
f-ait, fait.
f-oin, foin.
g-ai, gai.
g-ain, gain.
g-uet, guet.
g-oût, goût.
h-aut, haut.
h-uit, huit.
J-ean, Jean.
j-eu, jeu.
j-our, jour.
j-oug, joug.
l-aid, laid.

SECONDE

SECONDE TABLE
De mots de deux syllabes.

Ai-mer.	en-fler.
ai-mant.	en-flant.
ai-ment.	en-flent.
ai-mait.	en-flait.
ai-maient.	en-flaient.
boi-re.	fi-ler.
bu-vant.	fi-lant.
boi-vent.	fi-lent.
bu-vait.	fi-lait.
bu-vaient.	fi-laient.
chan-ter.	ga-gner.
chan-tant.	ga-gnant.
chan-tent.	ga-gnent.
chan-tait.	ga-gnait.
chan-taient.	ga-gnaient.
don-ner.	han-ter.
don-nant.	han-tant.
don-nent.	han-tent.
don-nait.	han-tait.
don-naient.	han-taient.

B

TROISIÈME TABLE
DE mots de trois syllabes.

A-bat-tre.
a-bat-tant.
a-bat-tent.
a-bat-tait.
a-bat-taient.
ba-lan-cer.
ba-lan-çant.
ba-lan-cent.
ba-lan-çait.
ba-lan-çaient.
châ-ti-er.
châ-ti-ant.
châ-ti-ent.
châ-ti-ait.
châ-ti-aient.
dé-li-vrer.
dé-li-vrant.
dé-li-vrent.
dé-li-vrait.
dé-li-vraient.

ef-fa-cer.
ef-fa-çant.
ef-fa-cent.
ef-fa-çait.
ef-fa-çaient.
fa-bri-quer.
fa-bri-quant.
fa-bri-quent.
fa-bri-quait.
fa-bri-quaient.
gou-ver-ner.
gou-ver-nant.
gou-ver-nent.
gou-ver-nait.
gou-ver-naient.
ha-bi-ter.
ha-bi-tant.
ha-bi-tent.
ha-bi-tait.
ha-bi-taient.

QUATRIÈME TABLE
DE mots de quatre syllabes.

Ac-cou-tu-mer.	é-cha-fau-der.
ac-cou-tu-mant.	é-cha-fau-dant.
ac-cou-tu-ment.	é-cha-fau-dent.
ac-cou-tu-mait.	é-cha-fau-dait.
ac-cou-tu-maient.	é-cha-fau-daient.
bal-bu-ti-er.	fa-ci-li-ter.
bal-bu-ti-ant.	fa-ci-li-tant.
bal-bu-ti-ent.	fa-ci-li-tent.
bal-bu-ti-ait.	fa-ci-li-tait.
bal-bu-ti-aient.	fa-ci-li-taient.
ca-ra-co-ler.	gar-ga-ri-ser.
ca-ra-co-lant.	gar-ga-ri-sant.
ca-ra-co-lent.	gar-ga-ri-sent.
ca-ra-co-lait.	gar-ga-ri-sait.
ca-ra-co-laient.	gar-ga-ri-saient
dé-mé-na-ger.	ha-bi-tu-er.
dé-mé-na-geant.	ha-bi-tu-ant.
dé-mé-na-gent.	ha-bi-tu-ent.
dé-mé-na-geait.	ha-bi-tu-ait.
dé-mé-na-geaient.	ha-bi-tu-aient.

CINQUIÈME TABLE
De mots de cinq syllabes.

Af-fec-ti-on-ner.	en-ré-gi-men-ter.
af-fec-ti-on-nant.	en-ré-gi-men-tant.
af-fec-ti-on-nent.	en-ré-gi-men-tent.
af-fec-ti-on-nait.	en-ré-gi-men-tait.
af-fec-ti-on-naient.	en-ré-gi-men-taient.
bé-né-fi-ci-er.	im-mor-ta-li-ser.
bé-né-fi-ci-ant.	im-mor-ta-li-sant.
bé-né-fi-ci-ent.	im-mor-ta-li-sent.
bé-né-fi-ci-ait.	im-mor-ta-li-sait.
bé-né-fi-ci-aient.	im-mor-ta-li-saient.
ca-pa-ra-çon-ner.	oc-ca-si-on-ner.
ca-pa-ra-çon-nant.	oc-ca-si-on-nant.
ca-pa-ra-çon-nent.	oc-ca-si-on-nent.
ca-pa-ra-çon-nait.	oc-ca-si-on-nait.
ca-pa-ra-çon-naient.	oc-ca-si-on-naient.
di-ver-si-fi-er.	pré-dé-ter-mi-ner.
di-ver-si-fi-ant.	pré-dé-ter-mi-nant.
di-ver-si-fi-ent.	pré-dé-ter-mi-nent.
di-ver-si-fi-ait.	pré-dé-ter-mi-nait.
di-ver-si-fi-aient.	pré-dé-ter-mi-naient

L'O-RAI-SON
DO-MI-NI-CA-LE.

No-tre ‖ Pè-re ‖ qui ‖ ê-tes ‖ aux ‖ Cieux ‖ que ‖ vo-tre ‖ nom ‖ soit ‖ sanc-ti-
fi-é ‖ que ‖ vo-tre ‖ rè-gne ‖ ar-ri-ve ‖ que
vo-tre ‖ vo-lon-té ‖ soit ‖ fai-te ‖ en ‖ la
ter-re ‖ com-me ‖ au ‖ Ciel ‖ don-nez
nous ‖ au-jour-d'hui ‖ no-tre ‖ pain ‖ quo-
ti-di-en ‖ par-don-nez ‖ nous ‖ nos ‖ of-fen-
ses ‖ com-me ‖ nous ‖ les ‖ par-don-nons
à ‖ ceux ‖ qui ‖ nous ‖ ont ‖ of-fen-sés
et ‖ ne ‖ nous ‖ lais-sez ‖ point ‖ suc-com-
ber ‖ à ‖ la ‖ ten-ta-ti-on ‖ mais ‖ dé-li-vrez
nous ‖ du ‖ mal. ‖ Ain-si ‖ soit-il.

La ‖ *Sa-lu-ta-ti-on* ‖ *An-gé-li-que.*

Je ‖ vous ‖ sa-lu-e ‖ Ma-ri-e ‖ plei-ne

de ‖ grâ-ce ‖ le ‖ Sei-gneur ‖ est ‖ a-vec vous ‖ vous ‖ ê-tes ‖ bé-ni-e ‖ en-tre ‖ tou-tes ‖ les ‖ fem-mes ‖ et ‖ Jé-sus ‖ le ‖ fruit de ‖ vo-tre ‖ ven-tre ‖ est ‖ bé-ni. ‖ Sain-te Ma-ri-e ‖ Mè-re ‖ de ‖ Dieu ‖ pri-ez pour ‖ nous ‖ pau-vres ‖ pé-cheurs ‖ main-te-nant ‖ et ‖ à ‖ l'heu-re ‖ de ‖ no-tre mort. ‖ Ain-si ‖ soit-il.

Le ‖ Sym-bo-le ‖ des ‖ A-pô-tres.

JE ‖ crois ‖ en ‖ Dieu ‖ le ‖ Pè-re tout-puis-sant ‖ Cré-a-teur ‖ du ‖ Ciel et ‖ de ‖ la ‖ Ter-re ‖ et ‖ en ‖ Jé-sus-Christ ‖ son ‖ Fils ‖ u-ni-que ‖ No-tre Sei-gneur ‖ qui ‖ a ‖ é-té ‖ con-çu ‖ du Saint ‖ Es-prit ‖ est ‖ né ‖ de ‖ la ‖ Vier-ge ‖ Ma-ri-e ‖ a ‖ souf-fert ‖ sous ‖ Pon-ce Pi-la-te ‖ a ‖ é-té ‖ cru-ci-fi-é ‖ est ‖ mort a ‖ é-té ‖ en-se-ve-li ‖ est ‖ des-cen-du aux ‖ en-fers ‖ le ‖ troi-siè-me ‖ jour est ‖ res-sus-ci-té ‖ des ‖ morts ‖ est mon-té ‖ aux ‖ Cieux ‖ est ‖ as-sis ‖ à ‖ la droi-te ‖ de ‖ Dieu ‖ le ‖ Pè-re ‖ tout-puis-sant ‖ d'où ‖ il ‖ vien-dra ‖ ju-ger les ‖ vi-vans ‖ et ‖ les ‖ morts.

Je ‖ crois ‖ au ‖ Saint ‖ Es-prit ‖ à ‖ la Sain-te ‖ É-gli-se ‖ Ca-tho-li-que ‖ la Com-mu-ni-on ‖ des ‖ Saints ‖ la ‖ ré-mis-si-on ‖ des ‖ pé-chés ‖ la ‖ ré-sur-rec-ti-on ‖ de ‖ la ‖ chair ‖ la ‖ vi-e é-ter-nel-le. ‖ Ain-si ‖ soit-iL

La ‖ Con-fes-si-on ‖ des ‖ Pé-chés.

JE ‖ me ‖ con-fes-se ‖ à ‖ Dieu ‖ tout-puis-sant ‖ et ‖ à ‖ la ‖ bien-heu-reu-se Ma-ri-e ‖ tou-jours ‖ Vier-ge ‖ à ‖ Saint Mi-chel ‖ Ar-chan-ge ‖ Saint ‖ Jean Bap-tis-te ‖ aux ‖ A-pô-tres ‖ Saint Pier-re ‖ et ‖ Saint ‖ Paul ‖ à ‖ tous ‖ les Saints ‖ et ‖ à ‖ vous ‖ mon ‖ Pè-re ‖ par-ce ‖ que ‖ j'ai ‖ pé-ché ‖ par ‖ pen-sé-es par ‖ pa-ro-les ‖ et ‖ par ‖ ac-ti-ons ‖ c'est par ‖ ma ‖ fau-te ‖ je ‖ m'en ‖ sens ‖ cou-pa-ble ‖ je ‖ m'en ‖ re-con-nais ‖ très cou-pa-ble. ‖ C'est ‖ pour-quoi ‖ je ‖ sup-pli-e ‖ la ‖ bien-heu-reu-se ‖ Ma-ri-e tou-jours ‖ Vier-ge ‖ Saint ‖ Mi-chel ‖ Ar-chan-ge ‖ Saint ‖ Jean ‖ Bap-tis-te ‖ les A-pô-tres ‖ Saint ‖ Pier-re ‖ et ‖ Saint Paul ‖ tous ‖ les ‖ Saints ‖ et ‖ vous ‖ mon Pè-re ‖ de ‖ pri-er ‖ pour ‖ moi ‖ no-tre Sei-gneur ‖ no-tre ‖ Dieu. ‖ Ain-si ‖ soit-il.

Que ‖ le ‖ Dieu ‖ tout-puis-sant ‖ nous fas-se ‖ mi-sé-ri-cor-de ‖ qu'il ‖ nous par-don-ne ‖ nos ‖ pé-chés ‖ et ‖ nous con-dui-se ‖ à ‖ la ‖ vi-e ‖ é-ter-nel-le. Ain-si ‖ soit-il.

Que ‖ le ‖ Sei-gneur ‖ tout-puis-sant et ‖ mi-sé-ri-cor-di-eux ‖ nous ‖ don-ne ‖ in-dul-gen-ce ‖ ab-so-lu-ti-on ‖ et ré-mis-si-on ‖ de ‖ tous ‖ nos ‖ pé-chés. Ain-si ‖ soit-il.

Com-man-de-mens ‖ de ‖ Dieu.

1. Un ‖ seul ‖ Dieu ‖ tu ‖ a-do-re-ras
   Et ‖ ai-me-ras ‖ par-fai-te-ment.
2. Dieu ‖ en ‖ vain ‖ tu ‖ ne ‖ ju-re-ras
   Ni ‖ au-tre ‖ cho-se ‖ pa-reil-le-ment.
3. Les ‖ Di-man-ches ‖ tu ‖ gar-de-ras

En ‖ ser-vant ‖ Dieu ‖ dé-vo-te-ment.

4. Pè-re ‖ et ‖ Mè-re ‖ ho-no-re-ras
Pour ‖ que ‖ tu ‖ vi-ves ‖ lon-gue-ment.

5. Ho-mi-ci-de ‖ point ‖ ne ‖ se-ras
De ‖ fait ‖ ni ‖ vo-lon-tai-re-ment.

6. Lu-xu-ri-eux ‖ point ‖ ne ‖ se-ras
De ‖ corps ‖ ni ‖ de ‖ con-sen-te-ment.

7. Le ‖ bien ‖ d'au-trui ‖ tu ‖ ne ‖ pren-dras
Ni ‖ re-tien-dras ‖ à ‖ ton ‖ es-cient.

8. Faux ‖ té-moi-gna-ge ‖ ne ‖ di-ras
Ni ‖ men-ti-ras ‖ au-cu-ne-ment.

9. L'œu-vre ‖ de ‖ la ‖ chair ‖ ne ‖ dé-si-re-ras
Qu'en ‖ ma-ri-a-ge ‖ seu-le-ment.

10. Biens ‖ d'au-trui ‖ ne ‖ con-voi-te-ras
Pour ‖ les ‖ a-voir ‖ in-jus-te-ment.

Com-man-de-mens ‖ *de* ‖ *l'É-gli-se.*

1. LES ‖ Di-man-ches ‖ Mes-se ‖ ou-ï-ras
Et ‖ Fê-tes ‖ de ‖ com-man-de-ment.

2. Tous ‖ tes ‖ pé-chés ‖ con-fes-se-ras
A ‖ tout ‖ le ‖ moins ‖ u-ne ‖ fois ‖ l'an.

3. Ton ‖ Cré-a-teur ‖ tu ‖ re-ce-vras
Au ‖ moins ‖ à ‖ Pâ-ques ‖ hum-ble-ment.

4, Les ‖ Fê-tes ‖ tu ‖ sanc-ti-fi-e-ras
Qui ‖ te ‖ sont ‖ de ‖ com-man-de-ment.
5. Qua-tre ‖ temps ‖ vi-gi-les ‖ jeû-ne-ras
Et ‖ le ‖ ca-rê-me ‖ en-tiè-re-ment.
6. Ven-dre-di ‖ chair ‖ ne ‖ man-ge-ras
Ni ‖ le ‖ sa-me-di ‖ mê-me-ment.
7. Hors ‖ le ‖ temps ‖ nô-ces ‖ ne ‖ fe-ras.

Bé-né-dic-ti-on ‖ a-vant ‖ le ‖ Re-pas.

SEI-GNEUR ‖ bé-nis-sez ‖ nous ‖ a-vec ‖ la
nour-ri-tu-re ‖ que ‖ nous ‖ al-lons ‖ pren-
dre. ‖ Au ‖ nom ‖ du ‖ Pè-re ‖ et ‖ du ‖ Fils
et ‖ du ‖ Saint ‖ Es-prit. ‖ Ain-si ‖ soit-il.

Ac-ti-on ‖ de ‖ grâ-ces ‖ a-près ‖ le ‖ Re-pas.

NOUS ‖ vous ‖ ren-dons ‖ grâ-ces
de ‖ tous ‖ vos ‖ bien-faits ‖ ô ‖ Roi
Dieu ‖ tout-puis-sant ‖ qui ‖ vi-vez ‖ et
ré-gnez ‖ dans ‖ tous ‖ les ‖ siè-cles
des ‖ siè-cles. ‖ Ain-si ‖ soit-il.

LES ‖ SEPT

PSEAU-MES

DE ‖ LA ‖ PÉ-NI-TEN-CE.

Ant. ‖ Ne ‖ vous ‖ res-sou-ve-nez ‖ point.

PSEAU-ME ‖ 6.

Sei-gneur ‖ ne ‖ me ‖ re-pre-nez ‖ pas dans ‖ vo-tre ‖ fu-reur ‖ et ‖ ne ‖ me cor-ri-gez ‖ pas ‖ dans ‖ le ‖ fort ‖ de vo-tre ‖ co-lè-re.

A-yez ‖ pi-tié ‖ de ‖ moi ‖ Sei-gneur par-ce ‖ que ‖ je ‖ suis ‖ fai-ble ‖ Sei-gneur ‖ gué-ris-sez ‖ moi ‖ car ‖ mes os ‖ sont ‖ tous ‖ é-bran-lés.

Mon ‖ a-me ‖ en ‖ est ‖ a-bat-tu-e de ‖ tris-tes-se ‖ mais ‖ vous ‖ Sei-gneur jus-qu'à ‖ quand ‖ dif-fé-re-rez ‖ vous ma ‖ gué-ri-son.

Tour-nez ‖ vos ‖ yeux ‖ sur ‖ moi
Sei-gneur ‖ et ‖ sau-vez ‖ mon ‖ a-me
de ‖ tous ‖ dan-gers ‖ dé-li-vrez ‖ moi
par ‖ vo-tre ‖ mi-sé-ri-cor-de.

Çar ‖ qui ‖ se ‖ sou-vien-dra ‖ de
vous ‖ par-mi ‖ les ‖ morts ‖ et ‖ qui
vous ‖ lou-e-ra ‖ dans ‖ les ‖ en-fers.

Je ‖ me ‖ suis ‖ tour-men-té ‖ tou-tes
les ‖ nuits ‖ dans ‖ mes ‖ gé-mis-se-mens
jus-qu'à ‖ bai-gner ‖ mon ‖ lit ‖ et ‖ ar-ro-
ser ‖ ma ‖ cou-che ‖ de ‖ mes ‖ lar-mes.

Les ‖ dou-leurs ‖ m'ont ‖ fait ‖ pleu-rer
jus-qu'à ‖ per-dre ‖ les ‖ yeux ‖ j'ai ‖ vieil-li
au ‖ mi-lieu ‖ de ‖ mes ‖ en-ne-mis.

Re-ti-rez ‖ vous ‖ de ‖ moi ‖ vous ‖ qui
com-met-tez ‖ l'i-ni-qui-té ‖ car ‖ Dieu
a ‖ ex-au-cé ‖ la ‖ voix ‖ de ‖ mes ‖ pleurs.

Le ‖ Sei-gneur ‖ a ‖ ex-au-cé ‖ ma
pri-è-re ‖ le ‖ Sei-gneur ‖ a ‖ re-çu ‖ ma
de-man-de.

Que ‖ tous ‖ mes ‖ en-ne-mis ‖ soient
dans ‖ u-ne ‖ é-mo-ti-on ‖ con-ti-nu-el-le
qu'ils ‖ s'en ‖ re-tour-nent ‖ cou-verts

de ‖ hon-te ‖ et ‖ de ‖ con-fu-si-on.

Gloi-re ‖ soit ‖ au ‖ Pè-re ‖ etc.

PSEAU-ME ‖ 31.

BIEN-HEU-REUX ‖ sont ‖ ceux ‖ à ‖ qui les ‖ i-ni-qui-tés ‖ sont ‖ par-don-né-es et ‖ dont ‖ les ‖ pé-chés ‖ sont ‖ cou-verts.

Bien-heu-reux ‖ est ‖ l'hom-me ‖ à qui ‖ Dieu ‖ n'im-pu-te ‖ point ‖ sa fau-te ‖ et ‖ dont ‖ l'es-prit ‖ est ‖ sans dé-gui-se-ment.

Par-ce ‖ que ‖ je ‖ me ‖ suis ‖ tû ‖ mes os ‖ se ‖ sont ‖ ca-ri-és ‖ au ‖ mi-lieu des ‖ cris ‖ que ‖ j'ai ‖ je-té ‖ pen-dant tout ‖ le ‖ jour.

Vo-tre ‖ main ‖ s'est ‖ ap-pe-san-ti-e sur ‖ moi ‖ le ‖ jour ‖ et ‖ la ‖ nuit ‖ la dou-leur ‖ que ‖ je ‖ res-sen-tais ‖ m'a des-sé-ché ‖ com-me ‖ l'her-be ‖ du-rant les ‖ cha-leurs ‖ de ‖ l'é-té.

Je ‖ vous ‖ ai ‖ con-fes-sé ‖ hau-te-ment ‖ mon ‖ of-fen-se ‖ et ‖ je ‖ ne vous ‖ ai ‖ point ‖ te-nu ‖ mon ‖ i-ni-qui-té ‖ ca-ché-e.

J'ai ‖ dit ‖ dans ‖ mon ‖ a-me ‖ je ‖ dé-cla-re-rai ‖ con-tre ‖ moi ‖ mê-me ‖ mon pé-ché ‖ au ‖ Sei-gneur ‖ et ‖ vous ‖ a-vez re-mis ‖ la ‖ pei-ne ‖ de ‖ mon ‖ pé-ché.

Ce-la ‖ por-te-ra ‖ tous ‖ les ‖ Saints à ‖ vous ‖ a-dres-ser ‖ leurs ‖ pri-è-res dans ‖ le ‖ temps ‖ fa-vo-ra-ble.

Et ‖ quand ‖ mê-me ‖ un ‖ dé-lu-ge d'eau ‖ i-non-de-rait ‖ la ‖ ter-re ‖ ils n'en ‖ se-raient ‖ pas ‖ é-bran-lés.

Vous ‖ ê-tes ‖ mon ‖ a-si-le ‖ con-tre les ‖ ad-ver-si-tés ‖ qui ‖ m'en-vi-ron-nent vous ‖ qui ‖ ê-tes ‖ ma ‖ joie ‖ dé-li-vrez moi ‖ des ‖ maux ‖ qui ‖ m'en-vi-ron-nent ‖ de ‖ tous ‖ cô-tés.

Je ‖ vous ‖ don-ne-rai ‖ l'in-tel-li-gen-ce ‖ et ‖ je ‖ vous ‖ mon-tre-rai le ‖ che-min ‖ où ‖ vous ‖ de-vez ‖ mar-cher ‖ et ‖ j'au-rai ‖ les ‖ yeux ‖ sur vo-tre ‖ con-dui-te.

Ne ‖ de-ve-nez ‖ point ‖ sem-bla-ble au ‖ che-val ‖ et ‖ au ‖ mu-let ‖ qui n'ont ‖ point ‖ d'en-ten-de-ment.

Vous ‖ leur ‖ met-tez ‖ le ‖ mors et ‖ la ‖ bri-de ‖ de ‖ peur ‖ qu'ils ‖ ne vous ‖ mor-dent ‖ et ‖ ne ‖ ru-ent con-tre ‖ vous.

Les ‖ mé-chans ‖ se-ront ‖ ac-ca-blés de ‖ maux ‖ mais ‖ la ‖ mi-sé-ri-cor-de du ‖ Sei-gneur ‖ se-ra ‖ le ‖ par-ta-ge de ‖ ceux ‖ qui ‖ es-pè-rent ‖ en ‖ lui.

Ré-jou-is-sez ‖ vous ‖ dans ‖ le ‖ Sei-gneur ‖ hom-mes ‖ jus-tes ‖ et ‖ glo-ri-fi-ez ‖ vous ‖ en ‖ lui ‖ vous ‖ qui ‖ a-vez le ‖ cœur ‖ droit.

Gloi-re ‖ soit ‖ au ‖ Pè-re ‖ etc.

PSEAU-ME ‖ 37.

SEI-GNEUR ‖ ne ‖ me ‖ re-pre-nez ‖ pas dans ‖ vo-tre ‖ fu-reur ‖ et ‖ ne ‖ me cor-ri-gez ‖ pas ‖ dans ‖ le ‖ fort ‖ de vo-tre ‖ co-lè-re.

Car ‖ j'ai ‖ sen-ti ‖ les ‖ traits ‖ de vo-tre ‖ co-lè-re ‖ et ‖ vo-tre ‖ main s'est ‖ ap-pe-san-ti-e ‖ sur ‖ moi.

Ma ‖ chair ‖ cou-ver-te ‖ de ‖ plai-es

é-prou-ve ‖ les ‖ ef-fets ‖ de ‖ vo-tre co-lè-re ‖ et ‖ mes ‖ os ‖ ne ‖ pren-nent au-cun ‖ re-pos ‖ à ‖ la ‖ vu-e ‖ de ‖ mes pé-chés.

Car ‖ il ‖ est ‖ vrai ‖ que ‖ mes ‖ i-ni-qui-tés ‖ me ‖ noient ‖ et ‖ se ‖ sont é-le-vé-es ‖ par ‖ des-sus ‖ ma ‖ tê-te et ‖ com-me ‖ un ‖ far-deau ‖ pe-sant el-les ‖ m'ac-ca-blent ‖ sous ‖ leur ‖ faix.

Mes ‖ ci-ca-tri-ces ‖ se ‖ sont ‖ en-vieil-li-es ‖ et ‖ ont ‖ dé-gé-né-ré ‖ par ma ‖ fo-li-e ‖ en ‖ u-ne ‖ cor-rup-ti-on sans ‖ re-mè-de.

É-tant ‖ ain-si ‖ de-ve-nu ‖ mi-sé-ra-ble ‖ et ‖ cour-bé ‖ sous ‖ les ‖ en-nuis je ‖ che-mi-ne ‖ tout ‖ le ‖ jour ‖ a-vec u-ne ‖ gran-de ‖ tris-tes-se.

Mes ‖ reins ‖ sont ‖ rem-plis ‖ d'il-lu-si-ons ‖ et ‖ je ‖ n'ai ‖ au-cu-ne ‖ par-ti-e de ‖ mon ‖ corps ‖ où ‖ je ‖ ne ‖ souf-fre.

Je ‖ suis ‖ si ‖ fort ‖ af-fli-gé ‖ et a-bais-sé ‖ qu'au ‖ lieu ‖ de ‖ plain-tes mon ‖ cœur ‖ n'ex-pri-me ‖ sa ‖ dou-

leur

leur ‖ que ‖ par ‖ des ‖ hur-le-mens.

Sei-gneur ‖ vous ‖ vo-yez ‖ tou-tes mes ‖ in-ten-ti-ons ‖ mes ‖ pleurs ‖ et mes ‖ gé-mis-se-mens ‖ ne ‖ vous ‖ sont point ‖ ca-chés.

Mon ‖ cou-ra-ge ‖ s'é-ton-ne ‖ je ‖ n'ai plus ‖ ni ‖ for-ce ‖ ni ‖ vi-gueur ‖ mes yeux ‖ a-veu-glés ‖ par ‖ mes ‖ lar-mes n'ap-per-çoi-vent ‖ plus ‖ de ‖ clar-té.

Mes ‖ a-mis ‖ et ‖ mes ‖ pro-ches ‖ se sont ‖ é-loi-gnés ‖ de ‖ moi ‖ me ‖ vo-yant ré-duit ‖ à ‖ ce ‖ pi-teux ‖ é-tat,

Mes ‖ voi-sins ‖ s'en ‖ sont ‖ re-ti-rés aus-si ‖ et ‖ ceux ‖ qui ‖ cher-chent ‖ à m'ô-ter ‖ la ‖ vi-e ‖ y ‖ em-ploient ‖ de gran-des ‖ vi-o-len-ces.

Ils ‖ n'é-pi-ent ‖ que ‖ les ‖ oc-ca-si-ons de ‖ me ‖ nui-re ‖ et ‖ tien-nent ‖ de mau-vais ‖ dis-cours ‖ de ‖ moi ‖ ils pas-sent ‖ tous ‖ les ‖ jours ‖ à ‖ cher-cher les ‖ mo-yens ‖ de ‖ me ‖ ru i-ner.

Mais ‖ je ‖ ne ‖ leur ‖ ré-pon-dais ‖ pas plus ‖ que ‖ si ‖ j'eus-se ‖ é-té ‖ sourd ‖ et je ‖ ne ‖ leur ‖ par-lais ‖ pas ‖ plus ‖ que si ‖ j'eus-se ‖ é-té ‖ mu-et.

J'ai ‖ bou-ché ‖ les ‖ o-reil-les ‖ à tous ‖ leurs ‖ re-pro-ches ‖ ma ‖ lan-gue n'a ‖ point ‖ pris ‖ la ‖ pei-ne ‖ de ‖ re-pous-ser ‖ les ‖ in-ju-res.

Par-ce ‖ qu'en ‖ vous ‖ Sei-gneur ‖ j'ai mis ‖ tou-te ‖ mon ‖ es-pé-ran-ce ‖ Sei-gneur ‖ mon ‖ Dieu ‖ vous ‖ m'ex-au-ce-rez.

Je ‖ vous ‖ de-man-de ‖ cet-te ‖ grâ-ce que ‖ mes ‖ en-ne-mis ‖ ne ‖ se ‖ puis-sent ‖ glo-ri-fi-er ‖ de ‖ mes ‖ mi-sè-res et ‖ que ‖ fe-sant ‖ un ‖ faux ‖ pas ‖ ils ne ‖ se ‖ re-dres-sent ‖ con-tre ‖ moi que ‖ pour ‖ me ‖ fai-re ‖ tom-ber.

Je ‖ suis ‖ pour-tant ‖ dis-po-sé ‖ à souf-frir ‖ tou-jours ‖ la ‖ per-sé-cu-ti-on et ‖ la ‖ dou-leur ‖ que ‖ j'ai ‖ mé-ri-té-e se ‖ pré-sen-te ‖ con-ti-nu-el-le-ment à ‖ mes ‖ yeux.

Car ‖ j'a-vou-e ‖ que ‖ j'ai ‖ com-mis de ‖ gran-des ‖ i-ni-qui-tés ‖ et ‖ je ‖ ne pro-po-se ‖ à ‖ ma ‖ pen-sé-e ‖ jour ‖ et nuit ‖ que ‖ l'objet ‖ de ‖ mon ‖ cri-me.

Ce-pen-dant ‖ mes ‖ en-ne-mis ‖ vi-vent ‖ con-tens ‖ ils ‖ se ‖ for-ti-fi-ent con-tre ‖ moi ‖ et ‖ leur ‖ nom-bre aug-men-te ‖ tous ‖ les ‖ jours.

Ceux ‖ qui ‖ ren-dent ‖ le ‖ mal ‖ pour ‖ le bien ‖ m'ont ‖ é-té ‖ con-trai-res ‖ par-ce que ‖ j'ai-me ‖ la ‖ paix ‖ et ‖ la ‖ dou-ceur.

Sei-gneur ‖ ne ‖ m'a-ban-don-nez point ‖ dans ‖ ces ‖ pé-rils ‖ mon ‖ Dieu ne ‖ vous ‖ é-loi-gnez ‖ point ‖ de ‖ moi.

Ve-nez ‖ promp-te-ment ‖ à ‖ mon se-cours ‖ mon ‖ Sei-gneur ‖ et ‖ mon Dieu ‖ puis-que ‖ vous ‖ ê-tes ‖ mon ‖ sa-lut.

Gloi-re ‖ soit ‖ au ‖ Pè-re ‖ etc.

P S E A U - M E ‖ 50.

Mon ‖ Dieu ‖ a-yez ‖ pi-tié ‖ de ‖ moi se-lon ‖ vo-tre ‖ gran-de ‖ mi sé-ri-cor-de.

Et ‖ se-lon ‖ la ‖ mul-ti-tu-de ‖ de ‖ vos bon-tés ‖ ef-fa-cez ‖ mon ‖ i-ni-qui-té.

Ver-sez ‖ a-bon-dam-ment ‖ sur ‖ moi de ‖ quoi ‖ me ‖ la-ver ‖ de ‖ mes ‖ fau-tes net-to-yez ‖ moi ‖ de ‖ mon ‖ pé-ché.

Je ‖ re-con-nais ‖ mes ‖ of-fen-ses ‖ et
mon ‖ cri-me ‖ est ‖ tou-jours ‖ con-tre ‖ moi.

Con-tre ‖ vous ‖ seul ‖ j'ai ‖ pé-ché ‖ et
j'ai ‖ com-mis ‖ de-vant ‖ vos ‖ yeux ‖ tout
le ‖ mal ‖ dont ‖ je ‖ me ‖ sens ‖ cou-pa-
ble ‖ so-yez ‖ re-con-nu ‖ vé-ri-ta-ble ‖ en
vos ‖ pro-mes-ses ‖ et ‖ de-meu-rez ‖ vic-
to-ri-eux ‖ dans ‖ vos ‖ ju-ge-mens.

J'ai ‖ é-té ‖ souil-lé ‖ de ‖ vi-ces ‖ dès
l'ins-tant ‖ de ‖ ma ‖ for-ma-ti-on ‖ et ‖ ma
mè-re ‖ m'a ‖ con-çu ‖ dans ‖ le ‖ pé-ché.

Vous ‖ vou-lez ‖ que ‖ l'on ‖ soit ‖ à
vous ‖ du ‖ fond ‖ du ‖ cœur ‖ et ‖ vous
m'a-vez ‖ ins-pi-ré ‖ en ‖ se-cret ‖ la ‖ con-
nais-san-ce ‖ de ‖ vo-tre ‖ sa-ges-se.

Ar-ro-sez ‖ moi ‖ d'hy-so-pe ‖ et ‖ je
se-rai ‖ net-to-yé ‖ la-vez ‖ moi ‖ et ‖ je
de-vien-drai ‖ plus ‖ blanc ‖ que ‖ la ‖ nei-ge.

Fai-tes ‖ moi ‖ en-ten-dre ‖ u-ne
pa-ro-le ‖ de ‖ con-so-la-ti-on ‖ et ‖ de
joie ‖ et ‖ el-le ‖ i-ra ‖ jus-ques ‖ dans
mes ‖ os ‖ af-fai-blis ‖ par ‖ le ‖ tra-vail.

Dé-tour-nez ‖ vos ‖ yeux ‖ de ‖ mes pé-chés ‖ et ‖ ef-fa-cez ‖ les ‖ ta-ches de ‖ mes ‖ i-ni-qui-tés.

Mon ‖ Dieu ‖ cré-ez ‖ un ‖ cœur pur ‖ en ‖ moi ‖ et ‖ re-nou-ve-lez ‖ y l'es-prit ‖ d'in-no-cen-ce.

Ne ‖ me ‖ re-je-tez ‖ pas ‖ de ‖ vo-tre pré-sen-ce ‖ et ‖ ne ‖ re-ti-rez ‖ pas ‖ de moi ‖ vo-tre ‖ Saint ‖ Es-prit.

Ren-dez ‖ à ‖ mon ‖ a-me ‖ la ‖ joie ‖ de vo-tre ‖ as-sis-tan-ce ‖ et ‖ as-su-rez ‖ mes for-ces ‖ par ‖ vo-tre ‖ es-prit ‖ sou-ve-rain.

J'en-sei-gne-rai ‖ vos ‖ voies ‖ aux mé-chans ‖ et ‖ les ‖ im-pi-es ‖ se ‖ con-ver-ti-ront ‖ en ‖ vous.

O ‖ mon ‖ Dieu ‖ le ‖ Dieu ‖ de ‖ mon sa-lut ‖ pur-gez ‖ moi ‖ du ‖ cri-me d'ho-mi-ci-de ‖ et ‖ ma ‖ lan-gue ‖ s'es-ti-me-ra ‖ heu-reu-se ‖ de ‖ ra-con-ter les ‖ mi-ra-cles ‖ de ‖ vo-tre ‖ jus-ti-ce.

Sei-gneur ‖ ou-vrez ‖ s'il ‖ vous ‖ plaît mes ‖ lè-vres ‖ et ‖ ma ‖ bou-che ‖ aus-si-tôt ‖ an-non-ce-ra ‖ vos ‖ lou-an-ges.

Car ‖ si ‖ vous ‖ eus-siez ‖ vou-lu ‖ des sa-cri-fi-ces ‖ je ‖ vous ‖ en ‖ eus-se ‖ of-fert ‖ mais ‖ les ‖ ho-lo-caus-tes ‖ ne ‖ pou-vaient ‖ ap-pai-ser ‖ vo-tre ‖ cour-roux.

Un ‖ es-prit ‖ af-fli-gé ‖ du ‖ re-gret de ‖ ses ‖ pé-chés ‖ ’est ‖ le ‖ sa-cri-fi-ce a-gré-a-ble ‖ à ‖ Dieu ‖ mon ‖ Dieu vous ‖ ne ‖ mé-pri-se-rez ‖ point ‖ un cœur ‖ con-trit ‖ et ‖ hu-mi-li-é.

Sei-gneur ‖ ré-pan-dez ‖ vos ‖ bé-né-dic-ti-ons ‖ sur ‖ Si-on ‖ a-fin ‖ qu’on bâ-tis-se ‖ les ‖ murs ‖ de ‖ Jé-ru-sa-lem.

A-lors ‖ vous ‖ a-gré-e-rez ‖ les ‖ sa-cri-fi-ces ‖ de ‖ jus-ti-ce ‖ vous ‖ ac-cep-te-rez ‖ nos ‖ o-bla-ti-ons ‖ et ‖ nos ho-lo-caus-tes ‖ et ‖ l’on ‖ of-fri-ra ‖ des Veaux ‖ sur ‖ vos ‖ au-tels.

Gloi-re ‖ soit ‖ au ‖ Pè-re ‖ etc.

PSEAU-ME ‖ 101.

SEI-GNEUR ‖ ex-au-cez ‖ ma ‖ pri-è-re et ‖ per-met-tez ‖ que ‖ ma ‖ voix ‖ ail-le jus-qu’à ‖ vous.

Ne ‖ dé-tour-nez ‖ point ‖ vo-tre vi-sa-ge ‖ de ‖ des-sus ‖ ma ‖ mi-sè-re mais ‖ prê-tez ‖ l'o-reil-le ‖ à ‖ ma ‖ voix quand ‖ je ‖ suis ‖ en ‖ af-flic-ti-on.

En ‖ quel-que ‖ temps ‖ que ‖ je ‖ vous ‖ in-vo-que ‖ ex-au-cez ‖ moi ‖ promp-te-ment.

Par-ce ‖ que ‖ mes ‖ jours ‖ s'é-cou-lent com-me ‖ la ‖ fu-mé-e ‖ mes ‖ os ‖ se ‖ con-su-ment ‖ com-me ‖ un ‖ ti-son ‖ dans ‖ le ‖ feu.

Mon ‖ cœur ‖ est ‖ de-ve-nu ‖ sec com-me ‖ u-ne ‖ her-be ‖ fa-né-e ‖ par l'ar-deur ‖ du ‖ so-leil ‖ par-ce ‖ que ‖ j'ai ou-bli-é ‖ de ‖ man-ger ‖ mon ‖ pain.

A ‖ for-ce ‖ de ‖ me ‖ plain-dre ‖ et ‖ de sou-pi-rer ‖ mes ‖ os ‖ tien-nent ‖ à ‖ ma ‖ peau.

Je ‖ res-sem-ble ‖ au ‖ pé-li-can ‖ dans le ‖ dé-sert ‖ ou ‖ à ‖ la ‖ chou-et-te ‖ en-ne-mi-e ‖ de ‖ la ‖ lu-miè-re ‖ qui ‖ se tient ‖ dans ‖ les ‖ trous ‖ de ‖ la ‖ mai-son.

Je ‖ ne ‖ ré-po-se ‖ point ‖ tou-tes les ‖ nuits ‖ je ‖ de-meu-re ‖ so-li-tai-re com-me ‖ le ‖ pas-se-reau ‖ dans ‖ son ‖ nid.

Mes ‖ en-ne-mis ‖ me ‖ font ‖ des ‖ re-pro-ches ‖ tout ‖ le ‖ long ‖ du ‖ jour ‖ et ‖ ceux qui ‖ m'ont ‖ don-né ‖ des ‖ lou-an-ges ‖ se sont ‖ ef-for-cés ‖ de ‖ me ‖ des-ho-no-rer.

Vo-yant ‖ que ‖ je ‖ man-geais ‖ de la ‖ cen-dre ‖ au ‖ lieu ‖ de ‖ pain ‖ et que ‖ je ‖ mê-lais ‖ mon ‖ breu-va-ge a-vec ‖ l'eau ‖ de ‖ mes ‖ pleurs.

A ‖ cau-se ‖ de ‖ vo-tre ‖ co-lè-re ‖ et ‖ de vo-tre ‖ in-di-gna-ti-on ‖ puis-que ‖ a-près m'a-voir ‖ é-le-vé ‖ vous ‖ m'a-vez ‖ a-bat-tu.

Mes ‖ jours ‖ se ‖ sont ‖ é-cou-lés com-me ‖ l'om-bre ‖ le ‖ cha-grin ‖ me fait ‖ sé-cher ‖ com-me ‖ le ‖ foin.

Mais ‖ vous ‖ Sei-gneur ‖ qui ‖ de-meu-rez ‖ é-ter-nel-le-ment ‖ la ‖ mé-moi-re ‖ de ‖ vo-tre ‖ nom ‖ se-ra ‖ im-mor-tel-le ‖ pas-sant ‖ de ‖ gé-né-ra-ti-on en ‖ gé-né-ra-ti-on.

Tour-nez ‖ vos ‖ rè-gards ‖ sur ‖ Si-on quand ‖ vous ‖ re-vien-drez ‖ de ‖ vo-tre som-meil ‖ pre-nez ‖ pi-tié ‖ de ‖ ses mi-sè-res ‖ puis-qu'il ‖ est ‖ temps ‖ de lui ‖ par-don-ner.

Il ‖ est ‖ vrai ‖ que ‖ ses ‖ pri-è-res sont ‖ tel-le-ment ‖ chè-res ‖ à ‖ vos ser-vi-teurs ‖ qu'ils ‖ ont ‖ re-gret ‖ de voir ‖ u-ne ‖ si ‖ bel-le ‖ vil-le ‖ dé-trui-te.

A-lors ‖ Sei-gneur ‖ tou-tes ‖ les na-ti-ons ‖ re-dou-te-ront ‖ vo-tre ‖ nom et ‖ vo-tre ‖ gloi-re ‖ é-pou-van-te-ra tous ‖ les ‖ Rois ‖ de ‖ la ‖ ter-re.

Par-ce ‖ que ‖ le ‖ Sei-gneur ‖ a ‖ bâ-ti Si-on ‖ où ‖ il ‖ pa-raî-tra ‖ dans ‖ sa ‖ gloi-re.

Il ‖ re-gar-de-ra ‖ fa-vo-ra-ble-ment la ‖ pri-è-re ‖ des ‖ hum-bles ‖ et ‖ il ne ‖ la ‖ mé-pri-se-ra ‖ pas.

Ces ‖ cho-ses ‖ se-ront ‖ trans-mi-ses à ‖ la ‖ pos-té-ri-té ‖ qui ‖ en ‖ don-ne-ra des ‖ lou-an-ges ‖ au ‖ Sei-gneur.

De ‖ son ‖ trô-ne ‖ é-le-vé ‖ dans ‖ le Ciel ‖ il ‖ jet-te-ra ‖ ses ‖ re-gards ‖ sur la ‖ ter-re.

Pour ‖ en-ten-dre ‖ les ‖ cris ‖ de ceux ‖ qui ‖ sont ‖ dans ‖ les ‖ fers ‖ et pour ‖ bri-ser ‖ leurs ‖ chaî-nes.

A-fin ‖ que ‖ le ‖ nom ‖ du ‖ Sei-gneur

soit ‖ ho-no-ré ‖ dans ‖ Si-on ‖ et ‖ sa
lou-an-ge ‖ chan-té-e ‖ en ‖ Jé-ru-sa-lem.

Quand ‖ les ‖ peu-ples ‖ et ‖ les ‖ Rois
se ‖ join-dront ‖ en-sem-ble ‖ pour
ser-vir ‖ le ‖ Sei-gneur.

Ce-pen-dant ‖ il ‖ a ‖ af-fai-bli ‖ ma
for-ce ‖ dans ‖ le ‖ che-min ‖ il ‖ a
a-bré-gé ‖ mes ‖ jours.

Mon ‖ Dieu ‖ ne ‖ me ‖ re-ti-rez ‖ pas
du ‖ mon-de ‖ au ‖ mi-lieu ‖ de ‖ ma
vi-e ‖ mes ‖ an-né-es ‖ du-re-ront ‖ dans
la ‖ sui-te ‖ de ‖ tous ‖ les ‖ â-ges.

Vous ‖ a-vez ‖ cré-é ‖ la ‖ ter-re ‖ dès ‖ le
com-men-ce-ment ‖ du ‖ mon-de ‖ les
cieux ‖ sont ‖ l'ou-vra-ge ‖ de ‖ vos ‖ mains.

Ils ‖ pé-ri-ront ‖ mais ‖ vous ‖ vous
de-meu-re-rez.

Ils ‖ vieil-li-ront ‖ tous ‖ com-me ‖ un
vê-te-ment ‖ vous ‖ leur ‖ fe-rez ‖ chan-ger
de ‖ for-me ‖ com-me ‖ à ‖ un ‖ man-teau.

Pour ‖ vous ‖ vous ‖ se-rez ‖ tou-jours
le ‖ mê-me ‖ et ‖ vos ‖ an-né-es ‖ ne
fi-ni-ront ‖ point.

Les' ‖ en-fans ‖ de ‖ vos ‖ ser-vi-teurs
ha-bi-te-ront ‖ la ‖ ter-re ‖ et ‖ leur
pos-té-ri-té ‖ sub-sis-te-ra ‖ tou-jours
en ‖ vo-tre ‖ pré-sen-ce.

Gloi-re ‖ soit ‖ au ‖ Pè-re ‖ etc.

PSEAU-ME ‖ 129.

Sei-gneur ‖ je ‖ m'é-cri-e ‖ vers ‖ vous
du ‖ pro-fond ‖ a-by-me ‖ où ‖ je ‖ suis
Sei-gneur ‖ é-cou-tez ‖ ma ‖ voix.

Ren-dez ‖ s'il ‖ vous ‖ plaît ‖ vos
o-reil-les ‖ at-ten-ti-ves ‖ à ‖ la ‖ voix
de ‖ ma ‖ pri-è-re.

Sei-gneur ‖ si ‖ vous ‖ nous ‖ trai-tez
se-lon ‖ nos ‖ pé-chés ‖ qui ‖ pour-ra
sub-sis-ter ‖ en ‖ vo-tre ‖ pré-sen-ce.

Mais ‖ vous ‖ u-sez ‖ de ‖ clé-men-ce
et ‖ à ‖ cau-se ‖ de ‖ vo-tre ‖ loi ‖ je
vous ‖ at-tends ‖ Sei-gneur.

Je ‖ l'at-tends ‖ a-vec ‖ u-ne ‖ vi-ve
con-fi-an-ce ‖ en ‖ ses ‖ pa-ro-les ‖ mon
a-me ‖ es-pè-re ‖ au ‖ Sei-gneur.

Que ‖ de-puis ‖ le ‖ point ‖ du ‖ jour

jus-qu'à ‖ la ‖ nuit ‖ Is-ra-el ‖ es-pè-re
au ‖ Sei-gneur.

Car ‖ le ‖ Sei-gneur ‖ est ‖ plein ‖ de
mi-sé-ri-cor-de ‖ et ‖ il ‖ a ‖ des ‖ grâ-ces
a-bon-dan-tes ‖ pour ‖ nous ‖ ra-che-ter.

Il ‖ ra-che-te-ra ‖ lui ‖ mê-me ‖ Is-ra-el
et ‖ le ‖ dé-li-vre-ra ‖ de ‖ tous ‖ ses ‖ pé-chés.

Gloi-re ‖ soit ‖ au ‖ pè-re ‖ etc.

P S E A U - M E ‖ 142.

Sei-gneur ‖ ex-au-cez ‖ ma ‖ pri-è-re
en-ten-dez ‖ ma ‖ de-man-de ‖ ex-au-cez
moi ‖ se-lon ‖ la ‖ vé-ri-té ‖ de ‖ vos
pro-mes-ses ‖ et ‖ se-lon ‖ vo-tre ‖ jus-ti-ce.

N'en-trez ‖ point ‖ en ‖ ju-ge-ment
a-vec ‖ vo-tre ‖ ser-vi-teur ‖ car ‖ per-
son-ne ‖ ne ‖ pour-ra ‖ ja-mais ‖ se ‖ jus-
ti-fi-er ‖ de-vant ‖ vous.

L'en-ne-mi ‖ me ‖ pour-suit ‖ pour
m'ô-ter ‖ la ‖ vi-e ‖ il ‖ m'a ‖ dé-jà ‖ ren-
ver-sé ‖ par ‖ ter-re.

Com-me ‖ les ‖ morts ‖ il ‖ m'a ‖ con-
fi-né ‖ dans ‖ des ‖ lieux ‖ obs-curs ‖ mon

es-prit ‖ est ‖ dans ‖ la ‖ dé-fail-lan-ce et ‖ mon ‖ cœur ‖ dans ‖ l'a-gi-ta-ti-on.

Je ‖ me ‖ sou-viens ‖ des ‖ siè-cles pas-sés ‖ je ‖ me ‖ rap-pel-le ‖ ce ‖ que ‖ vous a-vez ‖ fait ‖ au-tre-fois ‖ je ‖ mé-di-te sur ‖ les ‖ ou-vra-ges ‖ de ‖ vos ‖ mains.

J'é-lè-ve ‖ les ‖ mien-nes ‖ vers ‖ vous et ‖ mon ‖ a-me ‖ sans ‖ vous ‖ est ‖ com-me ‖ u-ne ‖ ter-re ‖ sans ‖ eau.

Sei-gneur ‖ hâ-tez ‖ vous ‖ de ‖ m'ex-au-cer mon ‖ es-prit ‖ tom-be ‖ en ‖ dé-fail-lan-ce.

Ne ‖ dé-tour-nez ‖ point ‖ de ‖ moi vo-tre ‖ vi-sa-ge ‖ a-fin ‖ que ‖ je ‖ ne de-vien-ne ‖ point ‖ sem-bla-ble ‖ à ‖ ceux qui ‖ des-cen-dent ‖ dans ‖ l'a-by-me.

Fai-tes ‖ moi ‖ en-ten-dre ‖ dès ‖ le ma-tin ‖ la ‖ voix ‖ de ‖ vo-tre ‖ mi-sé-ri-cor-de ‖ puis-que ‖ j'ai ‖ mis ‖ mon es-pé-ran-ce ‖ en ‖ vous.

Mon-trez ‖ moi ‖ le ‖ che-min ‖ par le-quel ‖ je ‖ dois ‖ mar-cher ‖ d'au-tant que ‖ mon ‖ a-me ‖ est ‖ tou-jours é-le-vé-e ‖ vers ‖ vous.

Sei-gneur ‖ dé-li-vrez ‖ moi ‖ de ‖ mes en-ne-mis ‖ je ‖ me ‖ jet-te ‖ en-tre ‖ vos bras ‖ en-sei-gnez ‖ moi ‖ à ‖ fai-re vo-tre ‖ vo-lon-té ‖ car ‖ vous ‖ ê-tes mon ‖ Dieu.

Que ‖ vo-tre ‖ es-prit ‖ plein ‖ de ‖ bon-té ‖ me ‖ con-dui se ‖ par ‖ un ‖ che-min droit ‖ fai-tes ‖ moi ‖ vi-vre ‖ Sei-gneur pour ‖ la ‖ gloi-re ‖ de ‖ vo-tre ‖ nom.

Ti-rez ‖ mon ‖ a-me ‖ de ‖ l'af-flic-ti-on et ‖ par ‖ l'ef-fet ‖ de ‖ vo-tre ‖ mi-sé-ri-cor-de ‖ ex-ter-mi-nez ‖ mes ‖ en-ne-mis.

Et ‖ fai-tes ‖ pé-rir ‖ tous ‖ ceux ‖ qui af-fli-gent ‖ mon ‖ a-me ‖ par-ce ‖ que je ‖ suis ‖ vo-tre ‖ ser-vi-teur.

Gloi-re ‖ soit ‖ au ‖ Pè-re ‖ etc.

Ant. ‖ Sei-gneur ‖ ne ‖ vous ‖ res-sou-ve-nez ‖ point ‖ de ‖ nos ‖ of-fen-ses ni ‖ des ‖ fau-tes ‖ de ‖ nos ‖ pa-rens ‖ et ne ‖ pre-nez ‖ point ‖ la ‖ ven-gean-ce de ‖ nos ‖ pé-chés.

MONOSYLLABES
EN CARACTÈRES ITALIQUES.

Dieu est le dieu des dieux; il est tout. Il a fait le ciel et tout ce qui est sous les cieux. Il a fait les eaux et tout ce qui est sous les eaux. Il a fait l'air et tout ce qui est dans les airs. Il a fait le feu et tout ce qui est dans le feu. Il a fait les fleurs, les grains et les fruits; il a fait le jour et la nuit; il nous a faits nous tous, et tout ce qui est en haut et ici bas. Tout ce qui croît et vit n'est fait que par lui seul. Il a tout fait.

Dieu voit tout. Il voit le bien et le mal que l'on fait. Il voit tout ce qui est dans nos cœurs. Dieu fait tout ce qui lui plaît. Il tient tous les biens dans sa main. Nos vœux et nos cœurs sont ce qui lui plaît mieux. Il ne veut que le bien de nous tous.

Nota. On appelle dissyllabes les mots composés de deux syllabes, et polysyllabes ceux qui en ont plusieurs.

MÉTHODE

POUR apprendre à lier et prononce correctement les mots.

EXEMPLES.

ON ÉCRIT :	ON PRONONCE :
Vœux au ciel.	vœu-z'au ciel.
Après eux.	aprè-z'eux.
Bien honnête.	bié-n'honnête.
Constamment.	constamant.
Condamnation.	condanation.
Un Paon.	un Pan.
Un Faon.	un Fan.
Une Cicogne.	une Cigogne.
Un second hymenée.	un segon-t'hymenée.
Le second étage.	le-zegon-t'étage.
Nous croyons.	nous croi-ions.
Trop entêté.	tro-p'entêté.
L'un et l'autre.	l'u-n'et l'autre.
Un grand homme.	un gran-t'homme.
Elle arrive.	el-l'arrive.
Que vend-il ?	que ven-t'il ?
Un Coq d'Inde.	un Co-d'Inde.
Des Bœufs entiers.	des Bœu-z'entié.
Du Bœuf à la mode.	du Bœu-v'à la mode.
Quinquagénaire.	couincouagénaire.
Existence.	egzistance.
Maximes.	maccimes.
Sixième.	sizième.

LES

LES VÊPRES
DU
DIMANCHE.
PSEAUME 109.

LE Seigneur a dit à mon Seigneur : asseyez-vous à ma droite.

Tandis que terrassant vos ennemis : je les ferai servir d'escabeau à vos pieds.

Le Seigneur fera sortir de Sion le sceptre de votre règne : dominez au milieu de vos ennemis.

Votre peuple se rangera auprès de vous au jour de votre force, étant revêtu de la splendeur des Saints : je vous ai engendré innocent avant l'étoile du matin.

Le Seigneur a juré, et son serment demeurera immuable : vous êtes le Prêtre

D

éternel selon l'ordre de Melchisedech.

Le Seigneur est à votre droite : il frappera les rois au jour de sa colère.

Il jugera les nations et les détruira : il brisera, sur la terre, la tête de plusieurs.

Il boira en chemin des eaux du torrent ; et par-là il s'élèvera dans la gloire.

Gloire soit au Père, etc.

PSEAUME 110.

SEIGNEUR, je vous louerai de tout mon cœur, dans les assemblées particulières et publiques des justes.

Les ouvrages du Seigneur sont grands, et toujours proportionnés à ses desseins.

Tous ses ouvrages publient ses louanges et sa magnificence ; et sa justice est éternelle.

Le Seigneur, plein de bonté et de miséricorde, a éternisé la mémoire de ses merveilles ; il a donné la nourriture à ceux qui le craignent.

Il se souviendra dans tous les siècles de son alliance : il montrera à son peuple sa toute-puissance dans ses œuvres.

En leur donnant l'héritage des nations, sa vérité et sa justice éclatent dans les ouvrages de ses mains.

Toutes ses ordonnances sont inviolables, elles sont immuables dans tous les siècles : elles sont fondées sur la vérité et sur l'équité.

Il a envoyé à son peuple un Sauveur pour le racheter : il a rendu son alliance éternelle.

Son nom est saint et redoutable : la crainte du Seigneur est le commencement de la sagesse.

Tous ceux qui font ce que cette crainte prescrit, ont la vraie intelligence: la louange du Seigneur subsistera dans toute l'éternité. Gloire soit au Père, etc.

PSEAUME III.

HEUREUX celui qui craint le Seigneur :

il prendra un souverain plaisir a ob-
server ses commandemens.

Sa postérité sera puissante sur la terre:
la race des justes sera bénie.

La gloire et les richesses seront dans
sa maison, et sa justice demeurera
éternellement.

La lumière se lève au milieu des ténèbres
sur ceux qui ont le cœur droit; le Seigneur
est clément, miséricordieux et juste.

Heureux celui qui donne et qui
prête, il réglera ses discours selon la
justice : il ne sera jamais ébranlé.

Sa mémoire sera immortelle ; et il ne
craindra point les langues médisantes.

Son cœur est toujours disposé à es-
pérer au Seigneur : il est inébranlable ;
il attend avec confiance que Dieu le
venge de ses ennemis.

Il répand libéralement ses dons sur
les pauvres ; sa justice demeure éternellement, et il sera élevé en gloire.

Le méchant le verra, et il frémira

de colère; il grincera les dents, et sé-
chera de dépit, mais le désir des pé-
cheurs périra. Gloire soit au Père, etc.

PSEAUME 112.

ENFANS qui êtes appelés au service du
Seigneur : louez son saint nom.

Que le nom du Seigneur soit béni
maintenant et dans toute l'éternité.

Le nom du Seigneur mérite d'être
loué depuis l'orient jusqu'à l'occident.

Le Seigneur est élevé au-dessus des
nations, sa gloire est au-dessus des cieux.

Qui est semblable au Seigneur notre
Dieu, qui habite dans le lieu le plus
haut, et qui regarde ce qu'il y a de
plus bas dans le ciel et sur la terre ?

Qui tire l'indigent de la poussière,
et relève le pauvre de dessus le fumier.

Pour les établir dans les charges hono-
rables; et avec les princes de son peuple?

Qui donne à celle qui était stérile, la
joie de se voir mère de plusieurs enfans?

Gloire soit au Père, etc.

PSEAUME 113.

Lorsqu'Israel sortit de l'Égypte, et la maison de Jacob du milieu d'un peuple barbare.

Juda fut consacré au service du Seigneur, et Israel devint son domaine.

La mer le vit, et elle s'enfuit, le Jourdain remonta vers sa source.

Les montagnes sautèrent comme des béliers et les collines comme des agneaux.

O mer, pourquoi fuyais-tu? et toi, Jourdain, pourquoi remontais-tu vers ta source?

Montagnes, pourquoi sautiez-vous comme des béliers? et vous, collines, comme des agneaux?

La terre a tremblé à la vue du Seigneur, à la vue du Dieu de Jacob.

Qui changea la pierre en des torrens d'eau et le rocher en fontaines abondantes.

Non point à nous, Seigneur, non

point à nous, mais donnez à votre Nom la gloire qui lui appartient.

Que les nations ne disent donc plus: où est leur Dieu ?

Car notre Dieu est dans le ciel : il a fait tout ce qu'il a voulu.

Mais les images des Gentils sont d'or, d'argent: ouvrages des mains des hommes

Ils ont une bouche, et ne parlent point; ils ont des yeux, et ne voyent rien.

Ils ont des oreilles, et n'entendent point; ils ont des narrines, et ne sentent rien.

Ils ont des mains, et ne touchent point, ils ont des pieds, et ne marchent point; leur gosier ne peut proférer la moindre parole.

Que ceux qui les font leur deviennent semblables, et tous ceux qui mettent en eux leur confiance.

La maison d'Israel a espéré au Seigneur: il est son secours et son protecteur.

La maison d'Aaron a espéré au Seigneur: il est son secours et son protecteur.

Ceux qui craignent le Seigneur mettent en lui leur confiance : il est leur secours et leur protecteur.

Le Seigneur s'est souvenu de nous ; et il nous a bénis.

Il a béni la maison d'Israel, il a béni la maison d'Aaron.

Il a béni tous ceux qui le craignent, grands et petits.

Que le Seigneur vous comble de nouvelles grâces ; vous et vos enfans.

Soyez bénis du Seigneur, qui a fait le ciel et la terre.

Les cieux sont pour le Seigneur, et il a donné la terre aux enfans des hommes.

Les morts, Seigneur, ne vous loueront point, ni ceux qui descendent dans l'enfer.

Mais nous qui sommes vivans, nous bénissons le Seigneur, depuis ce temps jusqu'à jamais. Gloire soit au Père, etc.

HYMNE.

O Dieu souverainement bon, qui avez créé la lumière, qui la faites luire tous les jours, et qui en réglez la durée; qui avez commencé par elle la création du monde.

Vous qui avez ordonné qu'on appellerait jour le matin joint avec le soir, débrouillant l'horrible confusion des choses, entendez nos prières qui sont accompagnées de larmes.

De peur que l'esprit opprimé par ses crimes ne soit privé des biens de la vie, tandis que ne songeant point à méditer les choses éternelles, il se précipite dans les liens du péché.

Qu'il pousse ses désirs jusque dans le Ciel, qu'il remporte le prix de la vie; évitons tout ce qui lui peut être contraire, et, par une sainte pénitence, purgeons notre ame de toutes ses iniquités.

Accordez-nous cette grâce, ô Père de miséricorde, et vous fils unique, égal au Père, qui avec lui et le Saint-Esprit, régnez dans tous les siècles. Ainsi soit-il.

CANTIQUE DE LA VIERGE.

MON ame glorifie le Seigneur.

Et mon esprit est ravi de joie en Dieu mon Sauveur.

Parce qu'il a regardé la bassesse de sa servante; car désormais tous les siècle m'appelleront bienheureuse.

Car le Tout-puissant a fait de grandes choses en ma faveur; son nom est saint.

Et sa miséricorde se répand de rac en race sur ceux qui le craignent.

Il a déployé la force de son bras : il a dissipé les desseins que les superbes formaient dans leurs cœurs.

Il a renversé les grands de leurs trônes, et il a élevé les petits.

Il a rempli de biens ceux qui souffraient la faim; et il a renvoyé vides et pauvres ceux qui étaient riches.

Il a pris sous sa protection Israël son serviteur, se ressouvenant de sa miséricorde.

Selon la promesse qu'il a faite à nos pères, à Abraham et à sa postérité pour toujours. Gloire soit au père, etc.

L'OFFICE
DE LA
VIERGE MARIE.

A MATINES.

SEIGNEUR, ouvrez, s'il vous plaît, mes lèvres.

Et ma bouche publiera vos louanges.

Mon Dieu, venez à mon aide.

Seigneur, hâtez-vous de me secourir.

Gloire soit au Père, au Fils et au Saint-Esprit.

Comme elle était au commencement, comme elle est maintenant, et comme elle sera toujours aux siècles des siècles. Ainsi soit-il.

PSEAUME 94.

VENEZ, montrons la joie que nous avons au Seigneur, chantons la gloire de Dieu, notre refuge; comparaissons devant lui; célébrons ses louanges, et faisons résonner des cantiques d'allégresse. Je vous salue, Marie, pleine de grâce, le Seigneur est avec vous.

Car le Seigneur est le grand Dieu et le grand Roi qui est au-dessus de tous les Dieux; il ne rebutera point son peuple : il tient en sa main les extrémités de la terre avec les abymes; et les montagnes les plus élevées sont à lui. Le Seigneur est avec vous.

Parce qu'il a fait la mer elle lui appartient; ses mains ont aussi formé la terre. Venez, adorons-le, fléchissons les genoux en sa présence; versons des larmes devant le Seigneur qui nous a faits, car il est notre Dieu : nous sommes le peuple qu'il regarde comme les brebis de sa bergerie. Je vous salue, Marie pleine de grâce, le Seigneur est avec vous.

Que si vous écoutez aujourd'hui sa voix, n'endurcissez point vos cœurs, comme vous fîtes en la journée de contradiction qui arriva dans le désert, où vos pères me tentèrent, où ils virent mes œuvres. Le Seigneur est avec vous.

Ce peuple m'a offensé sans cesse l'espace de quarante ans, de sorte que j'ai dit : ce peuple insensé se trompe toujours en son cœur, et il n'a point connu mes voies, aussi ai-je bien fait serment dans ma colère, qu'ils n'entreront point dans le lieu de mon repos. Je vous salue, Marie pleine de grâce, le Seigneur est avec vous.

Gloire soit au Père, au Fils et au Saint-Esprit; comme elle sera toujours aux siècles des siècles. Le Seigneur est avec vous. Je vous salue, Marie pleine de grâce, le Seigneur est avec vous.

H y m n e.

Celui-là que la terre, la mer, les Cieux révèrent, adorent et louent ; qui par sa puissance infinie gouverne ce grand univers ; les flancs de Marie ont eu l'honneur de le porter.

Les entrailles d'une Vierge féconde, comblée de grâces et de bénédictions du Ciel, contiennent celui à qui la Lune, le Soleil et toutes les créatures obéissent.

Heureuse Mère à cause du précieux fruit qu'elle porte ! son chaste ventre enferme comme dans un tabernacle celui qui a créé le monde, et qui le soutient dans le creux de sa main.

Heureuse encore par l'ambassade que vous avez reçue du Ciel, ayant été rendue féconde par le Saint-Esprit ; par votre consentement, le désiré des Nations a été envoyé au monde.

Donc à vous, Seigneur, né de la Vierge, la gloire soit donnée, comme au Père et au Saint-Esprit, aux siècles des siècles. Ainsi soit-il.

P S E A U M E 8.

SEIGNEUR, notre souverain Seigneur, que votre nom est grand et admirable par toute la terre.

Votre magnificence est élevée par-dessus les Cieux.

Vous avez mis vos louanges dans la bouche des petits enfans qui sont encore à la mamelle, afin de remplir de confusion vos adversaires, et de détruire les ennemis de votre gloire.

Car je considérerai avec attention les Cieux, ouvrage de vos mains : ensemble la lune et les étoiles que vous avez formées.

Qu'est-ce que l'homme, pour vous souvenir de lui, ou le fils de l'homme, pour que vous le visitiez ?

Car vous ne l'avez rendu qu'un peu inférieur aux Anges, vous l'avez couronné d'honneur et de gloire, et lui avez donné l'empire sur tous les ouvrages de vos mains.

Vous avez mis toutes choses sous ses pieds : il domine sur les brebis, les bœufs et les troupeaux des champs.

Les oiseaux de l'air, les poissons de la mer, et ceux qui se promènent dans les eaux.

Seigneur, notre souverain Seigneur, que votre Nom est grand et admirable par toute la terre ! Gloire soit, etc.

PSEAUME 18.

LES Cieux racontent la gloire de Dieu, et le Firmament publie l'excellence des ouvrages qui sont sortis de ses mains.

Le jour qui passe annonce ses merveilles au jour qui le suit, et la nuit apprend à l'autre nuit à chanter ses louanges.

Il n'y a point de nations ni de langues qui entendent leurs voix et leurs langages: car le bruit qu'ils font va par toute la

terre,

terre, et leurs paroles volent jusqu'aux extrémités du monde.

Le Seigneur a établi sa demeure dans le soleil, où il paraît comme un époux bien paré, sortant de sa chambre nuptiale.

Il commence sa course gaiement, comme un prince fort généreux : il sort d'un des bouts des Cieux.

Et ayant continué son vaste tour jusqu'à l'autre extrémité, il n'a trouvé aucune créature qui n'ait senti sa chaleur.

La loi, sans tâche, du Seigneur, convertissant les ames, est le témoignage fidèle d'un Dieu qui donne la sagesse aux simples.

Sa justice infaillible donne de la joie à tous les cœurs ; ses commandemens, qui sont purs, éclairent nos yeux obscurcis.

La crainte du Seigneur, qui est sainte, demeure éternellement ; ses jugemens sont fondés dans sa justice infinie.

Ils sont beaucoup plus désirables que

l'or et les pierres précieuses ; ils sont plus doux que le miel des ruches.

C'est pourquoi votre serviteur les a toujours gardés, sachant qu'il y a de grandes récompenses pour ceux qui les observent.

Qui peut connaître ses fautes ? Seigneur, lavez-moi de mes iniquités cachées, et faites grâce de celles des autres à votre serviteur.

Si les miennes ne me surmontent pas, comme je serai sans tâche, je serai alors purgé de grands crimes.

Par-là vous aurez agréables les paroles de ma bouche ; et les pensées de mon cœur seront toujours bien reçues devant vous.

Seigneur, vous êtes mon espérance et mon Rédempteur. Gloire soit, etc.

PSEAUME 53.

La terre est au Seigneur, et tout ce qu'elle contient, et toutes les créatures qui l'habitent.

Il a établi sur les mers le fondement de la terre, et il l'a rendue habitable, en donnant des bornes à ses rivières.

Qui montera en la montagne du Seigneur? ou qui habitera en son sanctuaire?

Celui qui a les mains et le cœur purs, qui ne vit point dans la vanité, et qui ne nuit point à autrui par ses sermens.

Celui-là recevra les bénédictions du Seigneur, et la miséricorde de Dieu, son Sauveur.

Tels sont ceux qui cherchent à paraître devant le Dieu de Jacob.

Ouvrez-vous donc, grandes portes, et vous aussi, portes éternelles du Ciel, puisque le Roi de gloire veut entrer.

Quel est ce Roi de gloire? C'est le Seigneur grand et puissant : c'est le Seigneur si redoutable dans les combats.

Ouvrez-vous donc, grandes portes, et vous aussi, portes éternelles du Ciel, puisque le Roi de gloire veut entrer.

Mais enfin, quel est ce Roi de gloire?

le Seigneur des armées est ce Roi tout
environné de gloire. Gloire soit, etc.

P S E A U M E 44.

Mon cœur m'inspire un bon propos,
de composer cet ouvrage à la gloire
du Roi.

Ma langue imitera la légéreté de la
main d'un habile écrivain.

Vous surpassez toutes les beautés des
hommes : les grâces sont répandues sur
vos lèvres : c'est pourquoi Dieu vous a
béni de toute éternité.

Mais, ô puissant Roi, mettez votre
épée à votre côté.

Et tout éclatant de gloire, tendez
votre arc, marchez en assurance, vous
régnerez.

A cause de la vérité, de la mansué-
tude et de la justice, votre bras fera
réussir toutes vos entreprises, par des
exploits inouis.

Car la pointe de vos dards percera

le cœur de vos ennemis , et rangera tous les peuples sous votre obéissance.

Mon Dieu, votre trône est éternel ; et votre sceptre est un sceptre d'une conduite bien douce.

Vous avez toujours aimé la justice, et vous avez eu en horreur l'iniquité : pour ce sujet Dieu vous a consacré d'une huile de liesse , plus excellente que celle qu'il a répandue sur vos associés.

La myrrhe, l'aloës et la casse font sortir une odeur agréable de vos vêtemens , que des filles de Rois tirent de leurs cabinets d'ivoire pour vous faire honneur.

La Reine , plus belle que toutes les autres, paraît à votre côté, vêtue d'une robe de fin or , enrichie de pierres précieuses.

Écoutez , ma fille ; ouvrez les yeux et suivez mes conseils; oubliez votre peuple, et quittez la maison de votre père.

Le plus grand des Rois désire posséder vos perfections : il est le Seigneur et le Dieu que tous les peuples adorent.

Les filles de Tyr, et les peuples les plus opulents viendront implorer votre crédit, avec quantité de présens qu'ils vous feront.

Les plus grands ornemens de cette Princesse ne paraissent point au dehors : sa robe est en broderie d'or parsemée de couleurs et de fleurs tissues avec l'aiguille.

Les filles de sa suite, et celles qui sont plus près de sa personne, auront l'honneur de vous être présentées.

Elles paraîtront devant vous avec alégresse, et entreront dans le palais du Roi.

Au-lieu de vos parens, vous aurez des enfans généreux, que vous établirez Princes sur toute la terre.

Ils se souviendront toujours de vous, et laisseront à la postérité des marques de votre gloire et de votre excellence.

Pour ce sujet les peuples ne se lasseront jamais de vous louer dans la suite des siècles. Gloire soit au Père, etc.

PSEAUME 45.

DIEU est notre refuge et notre force : il nous a secourus dans les dangers et afflictions qui nous environnent de toute part.

C'est pourquoi nous n'aurons aucune crainte, quand même la terre serait toute émue, et que les montagnes iraient au fond de la mer.

Quand même les eaux seraient agitées par des tempêtes extraordinaires, et que les montagnes se renverseraient.

Le cours délicieux d'un fleuve embellit la sainte Cité : le Très-haut l'a sanctifiée pour en faire sa demeure.

Le Seigneur étant au milieu d'elle, elle ne sera point ébranlée ; car il lui donnera secours quand elle en aura besoin.

Quand les peuples se sont bandés contre cette cité, leurs royaumes ont été presque ruinés au premier son de la voix du Seigneur, son protecteur.

Le Seigneur des armées est avec nous; le Dieu de Jacob nous est un refuge assuré.

Venez donc, et considérez les ouvrages du Seigneur, qui fait de tels prodiges sur la terre, qu'il fait cesser les guerres jusqu'aux extrémités du monde.

Il rompt les javelots, met les armes en pièces, et jette les boucliers au feu.

Arrêtez-vous ici, dit-il, et considérez que je suis Dieu; je ferai connaître ma puissance à tous les peuples de la terre; et je serai glorifié par tout le monde.

Le Seigneur des armées est avec vous; le Dieu de Jacob nous est un refuge assuré. Gloire soit au Père, etc.

PSEAUME 86.

LES fondemens de Jérusalem sont jetés sur les montagnes saintes : le Seigneur aime plus les portes de Sion, que les tabernacles de Jacob.

Cité de Dieu, on a raconté de vous des choses bien glorieuses.

J'aurai mémoire de l'Égypte et de Babylone, puisqu'ils ont connu mon nom.

Ceux qui habitent la Palestine, les Tyriens et les Éthiopiens, y seront bien venus.

Et quelqu'un dira, parlant de Sion : un homme excellent est né dans cette cité, qui a été fondée par le Très haut.

Le Seigneur écrira dans ses registres les noms des peuples et des princes qui ont été assez heureux pour se trouver en icelle.

Que vous êtes une demeure agréable, sainte Cité, puisque vos habitans sont remplis de joie et de vertu.

Gloire soit au Père, etc.

PSEAUME 95.

CHANTEZ un cantique nouveau à la louange du Seigneur : récitez des hymnes à sa gloire, vous peuples de la terre.

Chantez des airs en son honneur, et

bénissez son saint nom : annoncez de jour en jour l'histoire de ses bienfaits.

Annoncez sa gloire parmi les nations; racontez ses merveilles à tous les peuples.

Car le Seigneur est grand, et digne d'un suprême honneur : il est lui seul plus redoutable que tous les autres Dieux.

Les Dieux adorés des nations, sont des démons : mais notre Dieu a fait les Cieux.

Les grâces et la beauté l'environnent de toute part; la sainteté et la magnificence sont l'ornement de son sanctuaire.

Peuples et nations, apportez au Seigneur la gloire et l'honneur : rendez en son nom quantité de bénédictions.

Apportez vos offrandes dans son temple; adorez le Seigneur en son sanctuaire.

Que tout l'univers tremble devant sa face : faites savoir aux peuples que le Seigneur tient les rênes du monde.

Car il a si bien assuré les fondemens de la terre, qu'ils ne seront jamais ébranlés : il jugera tous les peuples selon sa justice.

Que les Cieux et la terre s'en réjouissent ; que la mer et tout ce qu'elle enferme, en sentent des émotions d'alégresse ; que les champs et tout ce qu'ils contiennent soient transportés d'une joie pareille.

Et que tous les arbres qui sont dans les forêts se réjouissent en la présence du Seigneur qui est venu au monde, parce qu'il est venu pour le gouverner.

Il régira tout le monde avec justice : et les peuples selon l'infaillibilité de ses promesses. Gloire soit au Père, etc.

PSEAUME 96.

LE Seigneur gouverne le monde ; que toute la terre s'en réjouisse, et que les îles de la mer soient aussi joyeuses.

Il y a des nuages et des ombres épaisses qui nous le cachent, toutefois son trône est fondé sur la justice et sur l'équité.

Le feu volera devant lui, pour réduire

en cendres ses ennemis qui l'environnent.

Il jettera tant d'éclairs dans le monde, qu'en étant ébloui, il tremblera de frayeur.

Les montagnes se fondront comme la cire, en la présence du Seigneur, à l'aspect du Dominateur de l'univers.

Les Cieux annonceront sa justice, et il n'y aura point de peuples qui ne voient les grandeurs de sa gloire.

Que ceux-là soient donc remplis de confusion et de honte, qui espèrent en leurs faux Dieux et vaines Idoles.

Adorez ce Seigneur tout-puissant, vous qui êtes ses Anges : ce que Sion ayant entendu, elle s'en est réjouie.

Les filles de Juda ont témoigné leur joie en voyant que vos jugemens, Seigneur, ont exterminé l'impiété.

Parce que vous êtes le Très-haut, qui exercez un empire absolu sur toute la terre : vous êtes, sans comparaison, plus grand que tous les Dieux des autres nations.

Vous donc qui aimez le Seigneur, ayez le mal en horreur : le Seigneur garde soigneusement les ames qui lui sont consacrées, et les délivre de la persécution des méchans.

La lumière se répand sur les justes et la joie sur le cœur des gens de bien.

Réjouissez-vous au Seigneur, vous tous qui êtes justes, et le remerciez des bienfaits que vous en avez reçus.

Gloire soit au Père, etc.

PSEAUME 97.

CHANTEZ un cantique nouveau à la louange du Seigneur : car il a fait des choses admirables.

Il a établi le salut par sa puissance, et par la force de son saint bras.

Le Seigneur a fait connaître l'excellence de notre rédemption, et a signalé sa justice parmi les peuples.

Il s'est rappelé de sa miséricorde, et de ses promesses envers la maison d'Israel.

Par toute la terre on ne peut douter que notre Dieu n'ait fait connaître le salut.

Composez des hymnes à la gloire de Dieu, vous peuples qui habitez l'univers.

Faites des concerts de chants et de harpe ; faites résonner les trompettes et les cornets.

Réjouissez - vous en la présence du Seigneur ; que la mer et tout ce qu'elle enferme, que la terre et tout ce qu'elle contient s'en réjouissent pareillement.

Que les fleuves applaudissent en la présence de ce Seigneur ; que les montagnes lui témoignent aussi leur joie, puisqu'il est venu juger la terre avec justice.

Il régira tout le monde avec justice, et les peuples selon l'équité.

Gloire soit au Père, etc.

ABSOLUTION.

QUE par les prières et par les mérites de la Bienheureuse Marie toujours Vierge, et de tous les Saints et Saintes, il plaise à

Notre-Seigneur nous conduire au royaume des Cieux.

℟. Ainsi soit-il.

LEÇON I.

En toutes choses j'ai cherché mon repos, mais enfin, je demeurerai dans l'héritage du Seigneur. J'achevais ce propos, quand le Créateur du monde, celui même qui est l'auteur de mon être, et qui a reposé dans mon tabernacle, me fit l'honneur de me commander, en me disant : habite en la maison de Jacob, et prends tes héritages en Israël, jetant des racines profondes entre mes élus. Mais vous, Seigneur, ayez pitié de nous.

℟. Rendons grâces à Dieu.

LEÇON II.

Ainsi j'ai fait mon séjour en Sion ; je me suis pareillement reposé en la sainte Cité, et j'ai établi ma puissance en Jérusalem, poussant par ce moyen des racines profondes entre un peuple comblé de bénédictions célestes, lequel a son héritage en la part de Dieu ; et entre la multitude des Saints sera ma demeure à jamais. Mais vous, Seigneur, ayez pitié de nous.

℟. Rendons grâces à Dieu.

Leçon III.

J'ai été élevé comme le cèdre au Liban, et comme le cyprès en la montagne de Sion. J'ai été élevé comme les palmes de Cadès, ou comme les rosiers de Jéricho, comme la belle olive dans la campagne, et comme le peuplier qui s'éloigne de son tronc auprès des eaux, le long des grands chemins. J'ai répandu une odeur comme de la canelle et du beaume aromatique, ni plus ni moins que la myrrhe choisie ; j'ai fait sentir la douceur de mes parfums. Mais vous, Seigneur, ayez pitié de nous.

℟. Rendons grâces à Dieu.

HYMNE

de St.-Ambroise et de St.-Augustin.

Nous vous louons, ô mon Dieu, nous vous reconnaissons pour notre Seigneur.

Vous, Père éternel, que toute la terre adore.

Tous les Anges, les Cieux, les puissances vous adorent.

Les Chérubins et les Séraphins vous

proclament

proclament incessamment par ces chants.

Saint, Saint, Saint est le Seigneur Dieu des armées.

Les Cieux et la terre sont remplis de la grandeur de votre gloire.

Le cœur glorieux des Apôtres,

La vénérable multitude des Prophètes,

La brillante armée des Martyrs célèbrent vos louanges.

L'Église sainte vous reconnaît pour son Dieu par toute la terre.

Le Père Éternel, qui est d'une grandeur incompréhensible.

Elle adore votre fils unique et véritable.

Et le Saint-Esprit consolateur.

Vous, Christ, qui êtes le roi de gloire.

Vous, qui êtes le Fils éternel du Père.

Vous, qui pour délivrer l'homme n'avez pas dédaigné naître d'une Vierge.

Ayant brisé l'aiguillon de la mort, avez ouvert aux fidèles le royaume des Cieux.

F

Vous, qui êtes assis à la droite de Dieu, en la gloire du Père.

Et qui devez venir nous juger.

Nous vous supplions donc de secourir vos serviteurs, que vous avez rachetés de votre précieux sang.

Faites que nous soyons comptés dans la gloire au nombre de vos Saints.

Sauvez votre peuple, Seigneur, et comblez votre héritage de bénédictions.

Conduisez et élevez-le jusque dans l'éternité.

Nous vous bénissons tous les jours.

Nous louons sans-cesse votre nom, et nous le louerons à jamais.

Daignez, Seigneur, nous préserver en ce jour de tout péché.

Ayez pitié de nous, Seigneur, ayez pitié de nous.

Répandez sur nous votre miséricorde: selon que nous avons espéré en vous.

J'ai espéré en vous, Seigneur, je ne tomberai jamais en confusion.

A LAUDES.

Mon Dieu, venez à mon aide, Seigneur, hâtez-vous de me secourir.

Gloire soit au Père, etc.

PSEAUME 92.

Le Seigneur a régné, et il s'est revêtu de sa magnificence : le Seigneur s'est ceint et s'est revêtu de sa force.

Car, il a tellement affermi le monde, qu'il ne sera jamais ébranlé.

Votre trône a été préparé dès-lors, Seigneur, et vous êtes de toute éternité.

Les fleuves se sont élevés, Seigneur, les fleuves se sont élevés avec bruit.

Les fleuves ont élevé leurs flots, les eaux se sont fait entendre.

Si les vagues de la mer sont admirables, le Seigneur l'est aussi par sa grandeur.

Vos témoignages, Seigneur, sont indubitables ; et la sainteté de votre

Église se conservera jusqu'à la fin des temps.

Gloire soit au Père, etc.

PSEAUME 99.

QUE toute la terre se réjouisse en Dieu ; servez le Seigneur avec joie.

Mettez-vous en sa présence, avec de grands témoignages de joie.

Apprenez que le Seigneur est le Dieu qui nous a faits, et que nous ne nous sommes pas faits de nous-mêmes.

Nous sommes son peuple et les brebis de sa bergerie : entrez dans son temple, en chantant des actions de grâce.

Louez son nom, car le Seigneur est bon ; sa miséricorde est éternelle, et sa vie durera à jamais.

Gloire soit au Père, etc.

PSEAUME 62.

O Dieu ! qui êtes mon Dieu, je vous invoque dès le point du jour.

Mon ame soupire après vous ; ma chair souhaite ardemment de vous posséder.

Dans une terre déserte, dépourvue d'eau et de chemin, je vous contemple comme dans un sanctuaire, pour découvrir votre puissance et votre gloire.

Mes lèvres vous loueront, parce que vous êtes miséricordieux.

Ainsi je vous bénirai toute ma vie, et j'éleverai mes mains pour vous invoquer.

Mon ame sera remplie d'un suc exquis: mes lèvres vous témoigneront ma joie.

Si, étant sur mon lit, je me suis souvenu de vous, j'éleverai mon cœur vers vous dès le matin , car vous m'avez protégé.

Et je m'égaierai à l'ombre de vos aîles ; mon ame soupire après vous: votre main m'a reçu sous sa sauve-garde.

Mais ceux qui ont tâché à me perdre , seront engloutis sous terre ; ils périront par l'épée, et seront la proie des renards.

Mais le Roi se réjouira en Dieu ;

ses serviteurs fidèles seront honorés, car il a fermé la bouche des médisans.

Gloire soit au Père, etc.

PSEAUME 66.

QUE Dieu nous pardonne et nous bénisse; que les rayons de son visage nous éclairent, et qu'il ait pitié de nous.

Afin que vos voies nous soient connues sur la terre, et aux infidèles le salut que vous avez promis au monde.

O Dieu! que tous les peuples vous louent, et célèbrent votre saint nom.

Que les nations se réjouissent de ce que vous jugez les hommes avec équité, parce que vous conduisez les nations sur la terre.

Mon Dieu, que tous les peuples vous révèrent, soyez glorifié par tout le monde: la terre a produit des fruits en abondance.

Que Dieu, notre Dieu, nous donne sa bénédiction, et que tous les habitans de la terre le craignent. Gloire soit, etc.

CANTIQUE
des trois Enfans dans la fournaise.

Vous tous qui êtes les ouvrages du Seigneur, louez-le, et révélez sa souveraine grandeur dans tous les siècles.

Anges divins, et vous, Cieux, bénissez le Seigneur.

Eaux qui êtes au-dessus des airs, et vous, vertus de Dieu, bénissez le Seigneur.

Soleil et lune, et vous étoiles du firmament, bénissez le Seigneur.

Pluies et rosées, et vous, vents qui excitez les tempêtes, bénissez le Seigneur.

Feux et chaleurs de l'été, et vous, froidures et rigueurs de l'hiver, bénissez le Seigneur.

Brouillards, bruines, gelées et frimats, bénissez le Seigneur.

Glaces, neiges, et vous, jours et nuits, bénissez le Seigneur.

Lumières et ténèbres, et vous, éclairs et nuages, bénissez le Seigneur.

Que la terre bénisse le Seigneur ; qu'elle chante ses louanges et sa gloire à jamais.

Montagnes, collines, herbes et plantes qui germez en terre, bénissez le Seigneur.

Fontaines, mers et rivières, bénissez le Seigneur.

Baleines, et vous tous, habitans des eaux et des airs, bénissez le Seigneur.

Bêtes domestiques et sauvages, et vous, enfans des hommes, bénissez le Seigneur.

Qu'Israël bénisse le Seigneur, qu'il célèbre ses louanges et sa gloire à jamais.

Prêtres et serviteurs, bénissez - le incessamment.

Esprits et ames des justes, et vous, Saints et humbles de cœur, bénissez le Seigneur.

Ananie, Azarie et Misaël, bénissez le Seigneur : chantez ses louanges, et exaltez sa gloire à jamais.

Bénissons le Père, le Fils et le Saint-

Esprit : chantez ses louanges, et exaltez sa gloire à jamais.

Seigneur, vous êtes béni dans les Cieux : vous êtes digne d'être loué et honoré éternellement.

PSEAUME 148.

VOUS, purs Esprits, qui êtes dans les Cieux, chantez les louanges du Seigneur, louez-le dans les lieux très-hauts.

Anges du Seigneur, louez-le tous : vertus du Seigneur, célébrez ses gloires.

Vous, soleil et lune, louez-le ; étoiles et lumière, louez-le tous ensemble.

Les Cieux des Cieux, et les eaux qui sont au - dessus du firmament, louent le Seigneur.

Car il a parlé, et tout a été fait, il a commandé, toutes choses ont été créées.

Il les a établies pour toujours ; il leur a prescrit une loi irrévocable.

Louez le Seigneur, toutes créatures de

la terre; et vous, monstres des abymes.

Que le feu, la grêle, la neige, la glace et les vents impétueux exécutent ses ordres.

Les montagnes, les collines, les arbres portant fruits et les cèdres.

Les bêtes sauvages et les animaux domestiques, les serpens et les oiseaux de l'air.

Les Rois de la terre, tous les peuples: les Princes et tous les juges de la terre.

Les garçons et les filles, les vieillards et les enfans, louent le Seigneur, car il est seul digne de louange et de gloire.

Le Ciel et la terre le reconnaissent; il a délivré son peuple, et l'a fait triompher.

Que la bouche des Saints le glorifient: aussi-bien que celles des enfans d'Israël.

Gloire soit au Père, au Fils, etc.

Comme elle sera toujours aux siècles des siècles. Ainsi soit-il.

PRIÈRE

QUAND IL TONNE.

† *Christus regnat.*	Jésus-Christ règne.
† *Christus imperat.*	Jésus-Christ commande.
† *Christus vincit.*	Jésus-Christ vainc.

O mon Dieu, qui êtes notre force, notre appui, notre protecteur et notre libérateur ; source éternelle et inépuisable de miséricordes et d'indulgences, formez vous-même dans nos cœurs effrayés, les pensées que nous devons avoir de votre Divinité, les prières que nous devons vous adresser, et faites-nous connaître quelles œuvres vous sont agréables pour fléchir votre justice irritée. Pendant que la voix du tonnerre nous pénètre jusqu'au fond de l'ame, que ces tempêtes extérieures qui s'élèvent dans les airs, servent à calmer les orages intérieurs de nos passions, faites, Seigneur, que les menaces de votre puissance servent de matière à vos louanges ; qu'elles produisent en nous une crainte salutaire, et que nous ressentions la bonté de celui dont nous avons redouté la colère. Ainsi soit-il.

Jésus, ayez pitié de nous.
Sainte-Vierge, intercédez pour nous.
Saint N. mon patron, priez pour nous.
Ste.-Anne et St.-Joseph, priez pour nous.

PRIÈRE

A NOTRE-DAME DE MONTSERRAT,

Pour en obtenir toutes sortes de consolations.

NOTRE-DAME de Montserrat, que votre miséricorde est douce et votre charité libérale envers tous ceux qui invoquent votre saint nom! Mère d'amour, guérissez toutes mes infirmités, tant spirituelles que corporelles; faites cesser la douleur et l'amertume de mon cœur; du haut de votre gloire, souvenez-vous de moi, Reine des Reines; j'ai mis mon espérance en vous. Vous êtes notre lumière dans nos doutes, notre consolation dans nos misères, et notre refuge dans nos tentations. Je vous recommande mon corps et mon ame. Instruisez-moi, protégez-moi à chaque heure et à chaque moment de ma vie. Ainsi soit-il.

CHRÉTIEN,

Souviens-toi que tu as aujourd'hui,

DIEU à glorifier, Jésus-Christ à imiter, tous les Anges à honorer, la Vierge et les Saints à prier, une ame à sauver, un corps à mortifier, des péchés à expier, un paradis à gagner, un enfer à éviter, une éternité à méditer, un temps à ménager, un prochain à édifier, un monde à appréhender, des démons à combattre, des passions à abattre, peut-être la mort à souffrir, et le jugement à subir.

LES MAXIMES
DE LA SAGESSE.

Rendez au Créateur tout ce qu'on doit lui rendre.
Réfléchissez avant que de rien entreprendre.
N'ayez société qu'avec d'honnêtes gens.
Ne vous enflez jamais de vos heureux talens.
Conformez-vous toujours aux sentimens des autres;
Cédez modestement si l'on combat les vôtres.
Donnez attention à tout ce qu'on vous dit,
Et n'affectez jamais d'avoir beaucoup d'esprit.
N'entretenez personne au-delà de sa sphère,
Et dans tous vos discours soyez toujours sincère.
Tenez votre parole inviolablement;
Mais ne promettez pas inconsidérément.
Soyez officieux, complaisant, doux, affable,
Et vous montrez toujours d'un abord favorable.
Sans être familier, ayez un air aisé;
Ne décidez de rien qu'après l'avoir pesé.
Aimez sans intérêt, pardonnez sans faiblesse;
Soyez soumis aux grands sans aucune faiblesse.
Cultivez avec soin l'amitié d'un chacun,
A l'égard des procès, n'en intentez aucun.
Ne vous informez point des affaires des autres,
Avec attention attachez-vous aux vôtres.
Prêtez sans intérêt, mais toujours prudemment.
S'il faut récompenser, faites-le noblement;

Et de quelque façon que vous vouliez paraître
Que se soit sans excès, et sans vous méconnaître.
Compatissez par-tout aux disgrâces d'autrui ;
Supportez ses défauts, soyez fidèle ami.
Surmontez les chagrins où l'esprit s'abandonne,
Sans les faire jamais réjaillir sur personne.
Où la discorde règne apportez-y la paix,
Et ne vous vengez point qu'à force de bienfaits.
Reprenez sans aigreur, louez sans flatterie.
Riez honnêtement, entendez raillerie,
Estimez un chacun dans sa profession,
Et ne critiquez rien par ostentation.
Ne soyez point ingrat, payez toujours vos dettes,
Sans jamais reprocher le plaisir que vous faites.
Prévenez les besoins d'un ami malheureux ;
Sans prodigalité montrez-vous généreux.
Modérez les transports d'une bile naissante,
Ne parlez jamais mal de la personne absente.
Ménagez votre bien et vivez sobrement ;
Ne vous fatiguez point sur le gouvernement.
Au jeu, que l'intérêt jamais ne vous domine ;
Dans la perte ou le gain, suivez la loi divine.
Toujours dans vos discours, modeste, retenu,
Que rien sur vos devoirs ne vous soit inconnu.
Parlez peu, pensez bien, et ne trompez personne,
Et faites toujours cas de tout ce qu'on vous donne.
Loin de tyranniser le pauvre débiteur,
De sa tranquilité soyez plutôt l'auteur.
Au bonheur du prochain ne portez point envie.
Ne divulguez jamais ce que l'on vous confie.
Gardez votre secret, ne vous vantez de rien.
Voilà tout le portrait du sage et du chrétien.

TABLE

DES CHIFFRES ARABES ET ROMAINS.

ARABE.		ROMAIN.
1	Un	I.
2	Deux	II.
3	Trois	III.
4	Quatre	IV.
5	Cinq	V.
6	Six	VI.
7	Sept	VII.
8	Huit	VIII.
9	Neuf	IX.
10	Dix	X.
11	Onze	XI.
12	Douze	XII.
13	Treize	XIII.
14	Quatorze	XIV.
15	Quinze	XV.
16	Seize	XVI.
17	Dix-sept	XVII.
18	Dix-huit	XVIII.
19	Dix-neuf	XIX.
20	Vingt	XX.
30	Trente	XXX.
40	Quarante	XL.

50	Cinquante	L.
60	Soixante	LX.
70	Soixante-dix	LXX.
80	Quatre-vingt	LXXX.
90	Quatre-vingt-dix	XC.
100	Cent	C.
110	Cent-dix	CX.
120	Cent vingt	CXX.
130	Cent trente	CXXX.
140	Cent quarante	CXL.
150	Cent cinquante	CL.
160	Cent soixante	CLX.
170	Cent soixante-dix	CLXX.
180	Cent quatre-vingt	CLXXX.
190	Cent quatre-vingt-dix	CXC.
200	Deux cents	CC.
300	Trois cents	CCC.
400	Quatre cents	CCCC *ou* CD.
500	Cinq cents	D.
1000	Mille	M.

BOUQUET d'un Enfant à ses parens.

CE n'est point en offrant des fleurs
Que je veux peindre ma tendresse;
De leur parfum, de leurs couleurs,
En peu d'instans le charme cesse.
La rose naît en un moment,
En un moment elle est flétrie;
Mais ce que pour vous mon cœur sent,
Ne finira qu'avec ma vie.

FIN.